수능까지 이어지는
교과 문해력 프로젝트

법·정치·경제 편

기획 **박봄** 글 박지현

## 통합 사회를 처음 만나는 학생들에게

한반도, 우리의 삶의 공간이자 우리의 땅입니다.
한반도를 생각하면 자연스럽게 우리나라 지도가 떠오릅니다. 삼면이 바다와 맞닿아 있는 지형을 '반도'라고 합니다. 한민족이 모여 사는 반도, 바로 한반도인 거죠.

'대한민국 헌법 제3조'를 살펴보면 "대한민국의 영토는 한반도와 그 부속도서로 한다."라고 쓰여 있습니다. 국가의 최고법인 헌법에 한반도를 우리의 영토라고 규정하고 있음에도, 현재 북한 지역은 실질적으로 주권이 미치지 못합니다.
법과 현실이 꼭 같지 않다는 걸 알 수 있죠.

혹시 '크림반도'라는 말, 들어 봤나요? 반도가 들어간 걸 보니, 이곳도 삼면이 바다로 되어 있겠군요. 러시아처럼 겨울이 길고 추운 나라는 바다가 얼지 않는 항구가 필요합니다. 2014년, 러시아가 우크라이나의 크림반도를 자기 나라 땅으로 편입시켰습니다. 우크라이나가 되찾으려 했지만, 지금까지도 러시아 - 우크라이나 전쟁이 계속되고 있어요.

한반도에서 헌법, 러시아 - 우크라이나 전쟁으로 꼬리에 꼬리를 무는 이야기를 해 보았어요. 이게 바로 '통합 사회'입니다. 지리와 법, 국제 정치를 연결한 것! 혹은 경제와 사회·문화를 연결할 수도 있어요. 수능에서는 이걸 '통합 문제'라고 한답니다.

뭔가 알쏭달쏭하다고요? 걱정할 필요 없어요. 사회는 눈에 보이는 다양한 사례로 현실을 이해하는 과목입니다. '피고와 원고', '주민 참여 예산제', '국내 총생산' 같은 용어를 무작정 외우는 게 아니에요. 우리의 일상에서, 혹은 세계에서 일어나는 다양한 현상에 관심을 갖는 것에서부터 진정한 사회 공부가 시작됩니다.
이런 과정을 거치며 **글을 이해하는 힘, 문해력**이 높아지고, 이는 곧 수능 통합 사회와 국어 비문학 제시문을 이해하는 기초가 됩니다.

**중학교에서 배웠던 사회 1, 2권의 개념들이 고1 통합 사회의 주요 내용입니다.** 수능 과목이라니, 엄청 어려울 것 같지만 사실은 그렇지 않아요. 용어가 어려워서 단순 암기 위주로 공부하다 보니 사회 과목이 재미없게 느껴졌을지도 모릅니다.

《요즘 통합 사회》처럼 사례로 시작하면 통합 사회는 참 재밌는 과목이 됩니다. '알아 가는 즐거움'을 주거든요. 탄핵 심판은 어떤 과정으로 진행되고 누구를 대상으로 하는지, 왜 실업이 발생하고 물가가 오르는지…. '탄핵 심판', '실업률', '인플레이션'이라는 어려운 용어를 쓰지만 사실 우리의 삶이거든요. **우리의 삶을 지적으로 파악하는 거예요. 그게 바로 '알아 가는 즐거움'입니다.**

첫 장을 펼치면서 사회가 벌써 즐거워지길,
GOOD LUCK!

2025년 9월

20년 경력 전 고등학교 교사
EBSi 수능 통합 사회 강사 **박봄**

# 특징과 활용 방법

- 이 시리즈는 **중학교 사회 전 영역의 어휘와 개념**을 통합적으로 다루는 교재입니다.
- 1권에서는 **'법과 정치, 경제'** 영역을 사례와 함께 다루어, 개념을 자연스럽게 이해할 수 있도록 구성했어요.

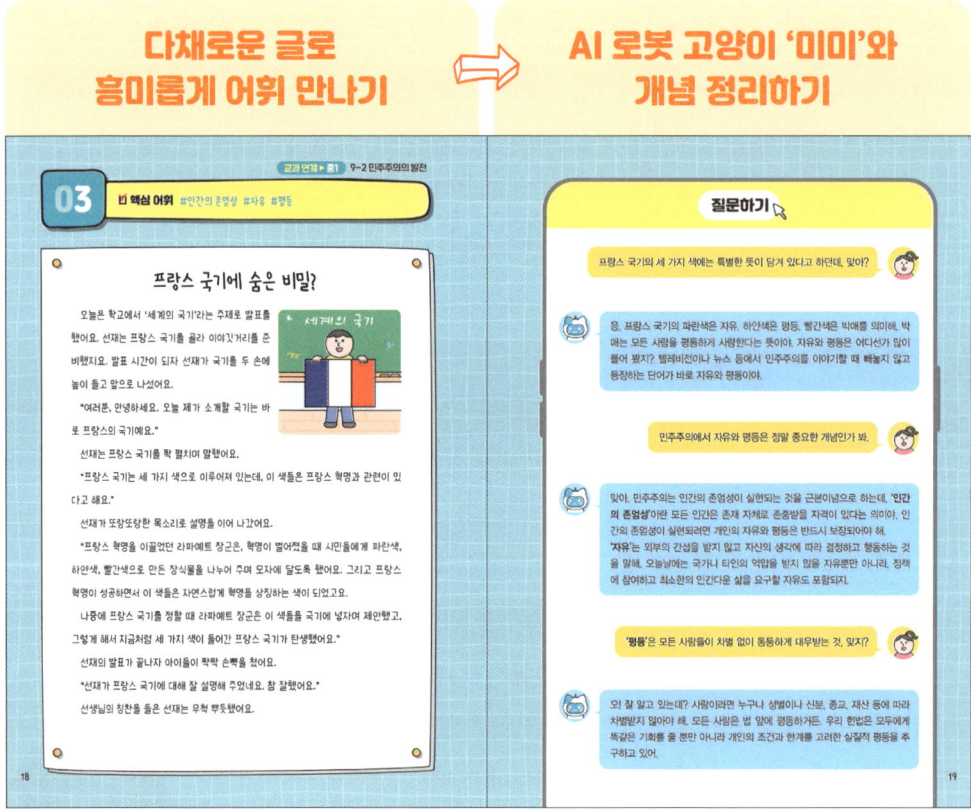

★ 기사, 인터뷰, 일기 등 다양한 형식의 글을 통해 사회 교과서 속 필수 어휘를 재미있게 만나요.

★ 미미와 대화를 나누며 필수 어휘의 개념을 학습해요.

★ 꼬리에 꼬리를 무는 문답을 통해 개념을 확장시킬 수 있어요.

- 중학교 사회 1·2권 개념을 토대로, **내신 통합 사회와 수능 통합 사회**까지 이어지는 학습의 기초 체력을 다질 수 있어요.

### EBS 인기 강사 박봄 선생님의 완벽 어휘 특강!

### 어휘 퀴즈를 통해 확실하게 복습하기

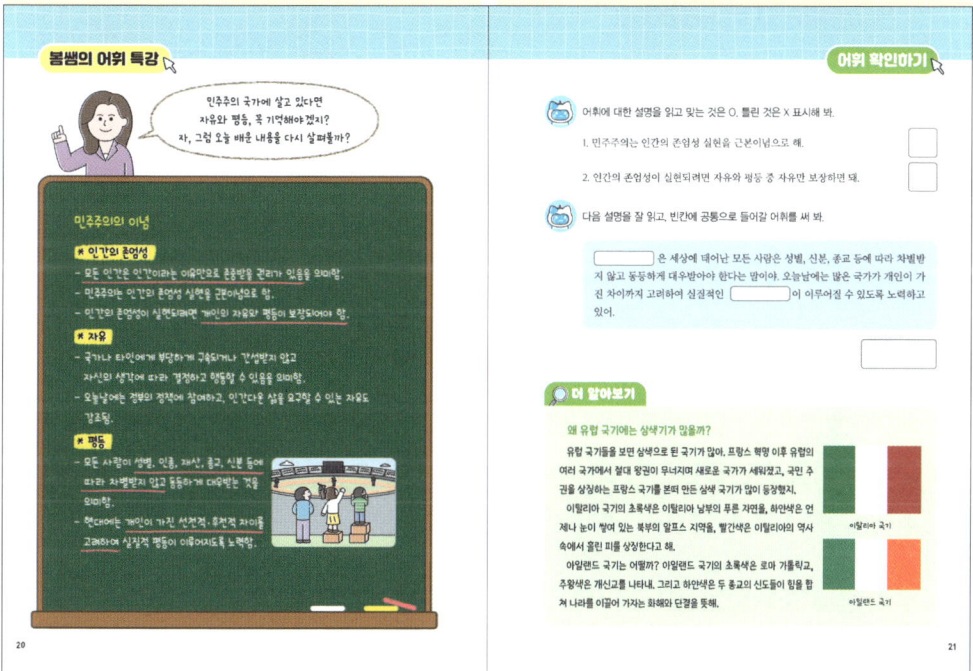

★ 박봄 선생님의 깔끔한 요약으로 필수 어휘 개념을 정리해요.
★ 사회 영역 일타 강사의 수업 노하우가 가득 담겨 있어 핵심 내용만 쏙쏙 기억할 수 있어요.

★ 문제를 풀며 배운 내용을 얼마나 잘 이해했는지 확인해요.
★ **더 알아보기란?** 학습 어휘와 관련된 사회 이슈를 함께 다루어 생각의 폭을 넓혀요.

# 차례

**01 고대 아테네의 민주주의** | 중등 사회1_9-2 민주주의의 발전 ·················· 10
#민주주의 #직접 민주주의 #간접 민주주의

**02 바스티유를 습격하다!** | 중등 사회1_9-2 민주주의의 발전 ···················· 14
#영국 명예혁명 #미국 독립 혁명 #프랑스 혁명

**03 프랑스 국기에 숨은 비밀?** | 중등 사회1_9-2 민주주의의 발전 ············· 18
#인간의 존엄성 #자유 #평등

**04 북튜버 다다의 책을 읽어 드립니다!** | 중등 사회1_9-2 민주주의의 발전 ············ 22
#국민 주권의 원리 #권력 분립의 원리 #국민 자치의 원리 #입헌주의의 원리

**05 소중한 한 표, 누구에게 투표할까?** | 중등 사회1_10-1 선거와 민주 정치 ············ 26
#보통 선거 #평등 선거 #직접 선거 #비밀 선거

**06 녹색소비자연대를 소개합니다!** | 중등 사회1_10-2 정치 주체와 정치 과정 ············ 30
#시민 단체 #이익 집단 #정당

**07 군수 출마를 선언합니다!** | 중등 사회1_10-3 지방 자치와 시민 참여 ············ 34
#지방 자치 #광역 자치 단체 #기초 자치 단체

**08 우리 동네의 특별한 날** | 중등 사회1_10-3 지방 자치와 시민 참여 ············ 38
#주민 투표 #주민 소환 #주민 참여 예산제

**09 중학생도 결혼할 수 있을까?** | 중등 사회1_11-2 생활 속의 다양한 법 ············ 42
#공법 #사법

**10 치킨에 이물질이?** | 중등 사회1_11-2 생활 속의 다양한 법 ············ 46
#사회법 #노동법 #사회 보장법 #경제법

**11 모의재판 시나리오** | 중등 사회1_11-3 재판의 의미와 공정한 재판 · · · · · · · · · · · · · · 50
　#형사 재판 #민사 재판

**12 살구색으로 칠해 주세요!** | 중등 사회1_12-1 인권 보장과 기본권 · · · · · · · · · · · · · · · 54
　#인권 #천부 인권 #인권 감수성

**13 '노 키즈 존'이 기본권을 침해한다고?** | 중등 사회1_12-1 인권 보장과 기본권 · · · · · · · 58
　#평등권 #자유권 #참정권 #청구권 #사회권

**14 일제 강점기 최초의 여성 노동 운동가, 강주룡** | 중등 사회1_12-3 근로자의 권리 · · 62
　#근로 기준법 #최저 임금제

**15 마크와 함께하는 특별한 하루!** | 중등 사회2_1-1 행정부와 대통령 · · · · · · · · · · · · · · · 66
　#대통령제 #법률안 거부권

**16 영국 웨스터민스터 가이드 투어** | 중등 사회2_1-1 행정부와 대통령 · · · · · · · · · · · · 70
　#의원 내각제 #내각 불신임권 #의회 해산권

**17 국무총리가 뽑히다!** | 중등 사회2_1-1 행정부와 대통령 · · · · · · · · · · · · · · · · · · · · · · · · 74
　#국무총리 #국무 회의 #감사원

**18 국회 의사당에 로보트가?** | 중등 사회2_1-2 국회 · · · · · · · · · · · · · · · · · · · · · · · · · · · · · · 78
　#국회 #입법

**19 국회 의원을 만나다!** | 중등 사회2_1-2 국회 · · · · · · · · · · · · · · · · · · · · · · · · · · · · · · · · · · 82
　#지역구 의원 #비례 대표 의원 #본회의

**20 대통령도 쫓겨날 수 있다고?** | 중등 사회2_1-2 국회 · · · · · · · · · · · · · · · · · · · · · · · · · · 86
　#국정 감사 #국정 조사 #탄핵 소추 #예산안

21 **대법원 가는 날** | 중등 사회2_1-3 법원과 헌법 재판소 ·································· 90
　#대법원 #고등 법원 #지방 법원

22 **같은 성씨는 결혼할 수 없었다고요?** | 중등 사회2_1-3 법원과 헌법 재판소 ·········· 94
　#헌법 재판소 #위헌 법률 심판 #헌법 소원 심판

23 **헌법 재판관을 만나다!** | 중등 사회2_1-3 법원과 헌법 재판소 ···················· 98
　#탄핵 심판 #정당 해산 심판 #권한 쟁의 심판

24 **빈센트 반 고흐의 작품들** | 중등 사회2_2-1 합리적 선택 ························ 102
　#재화 #서비스 #희소성 #기회비용

25 **미래의 목표! 자산 관리로 부자 되기** | 중등 사회2_2-2 안정적인 금융 생활 ········ 106
　#안전성 #수익성 #유동성

26 **용돈 관리 비법, 지금 바로 공개합니다!** | 중등 사회2_2-2 안정적인 금융 생활 ····· 110
　#예금 #적금 #주식 #채권

27 **재래시장을 소개합니다** | 중등 사회2_3-1 시장의 의미와 필요성 ···················· 114
　#보이는 시장 #보이지 않는 시장 #생산물 시장 #생산 요소 시장

28 **왜 아무도 빵을 안 살까?** | 중등 사회2_3-2 시장 가격의 결정 ···················· 118
　#수요 법칙 #공급 법칙

29 **양파 가격 하락에 눈물 짓는 농민들** | 중등 사회2_3-2 시장 가격의 결정 ············ 122
　#초과 수요 #초과 공급 #균형 가격

30 **돼지고기 대신 닭고기를 먹는다고?** | 중등 사회2_3-3 시장 가격의 변동 ············ 126
　#대체재 #보완재 #선호도

**31 할머니의 옛 사진** | 중등 사회2_4-1 경제 성장과 국내 총생산 ········· 130
#경제 성장 #국내 총생산

**32 감자값이 너무 비싸!** | 중등 사회2_4-2 물가 변동과 실업 ········· 134
#물가 #물가 지수 #인플레이션

**33 재원 씨의 마지막 출근** | 중등 사회2_4-2 물가 변동과 실업 ········· 138
#경기적 실업 #구조적 실업 #마찰적 실업 #계절적 실업

**34 달러로 바꿔 주세요!** | 중등 사회2_4-3 국제 거래와 환율 ········· 142
#국제 거래 #환율 #외화

**35 뜨거운 지구는 이제 그만!** | 중등 사회2_5-1 국제 사회의 특징 ········· 146
#국제 사회 #외교 #다국적 기업

**36 국제 연합에서 일하고 싶어요!** | 중등 사회2_5-1 국제 사회의 특징 ········· 150
#정부 간 국제기구 #국제 비정부 기구

마무리하기 ········· 154

안녕! 나는 AI 고양이 미미야.
어려운 건 내가 정리해 줄게!
나만 믿고 따라와!

정답은 158쪽에서 확인할 수 있어!

# 01

✅ 핵심 어휘  #민주주의  #직접 민주주의  #간접 민주주의

교과 연계 ▶ 중1  9-2 민주주의의 발전

## 고대 아테네의 민주주의

여러분, 안녕하세요! 오늘은 민주주의에 대한 이야기를 들려줄게요. 오늘날 많은 국가가 정치 형태로 민주주의를 채택하고 있어요. 국가의 주권이 국민에게 있고, 국민의 의사에 따라 정치가 행해지는 거예요. 이러한 민주주의는 언제부터 시작되었을까요?

바로 고대 그리스의 아테네에서 그 뿌리를 찾을 수 있어요. 고대 그리스는 소규모의 도시 국가로 이루어져 있었고, 아테네도 그중 하나였죠. 그래서 아테네에서는 시민들이 국가의 중요한 일을 직접 결정하는 '직접 민주주의'가 발전할 수 있었어요.

아테네의 정치는 오늘날 국회처럼 '민회'를 중심으로 운영되었어요. 시민들은 공공의 광장인 '아고라'에서 민회를 열어 다양한 정치 문제를 토론했지요. 시민들은 추첨을 통해 공직을 맡았고, 토론과 투표를 거쳐 다수결로 중요한 정책을 결정했어요.

아테네에서는 재판도 시민들로 구성된 배심원 제도에 따라 진행됐는데, 재판에 참석하는 배심원들도 추첨을 통해 뽑았어요. 배심원들은 양쪽 주장을 듣고 다수결로 판단을 내렸지요.

그러나 오늘날의 민주주의 기준에서 보면 아테네의 정치에는 한계가 있어요. 고대 아테네의 시민은 자유민인 성인 남성만 해당되어서 여성이나 외국인, 노예 등은 정치에 참여할 수 없었거든요. 모든 사람이 아닌 일부만 참여할 수 있는 민주주의였던 셈이죠.

그리스 아테네의 고대 아고라 유적지

## 질문하기

수천 년 전 고대 아테네에서 민주주의가 시작됐다니…. 정말 놀랍다!

 **'민주주의'**는 영어로 'democracy'라고 해. 고대 그리스어로 다수를 뜻하는 'demos'와 지배를 뜻하는 'kratos'가 합쳐진 말로, '다수에 의해 지배된다'는 뜻이야. 다시 말해 민주주의는 소수가 아닌 다수의 민중이 통치하는 정치 형태를 의미해. 고대 아테네에서는 모든 시민이 직접 정치에 참여하여 나라의 정책을 결정했는데, 이러한 정치 형태를 **'직접 민주주의'**라고 해.

엇, 그런데 왜 지금은 고대 아테네처럼 직접 민주주의를 하지 않아?

 직접 민주주의는 시민 모두가 정치에 참여하는 방식이라서 규모가 작은 국가에서나 가능하거든. 고대 아테네는 인구가 많지 않은 도시 국가였기 때문에 직접 민주주의를 할 수 있었어. 그러나 지금은 어때? 우리나라만 봐도 옛날과 비교해 인구가 크게 늘어났지? 수천만 명이 넘는 모든 국민이 정치에 직접 목소리를 내는 건 현실적으로 어려운 일이야. 그래서 현재 대부분의 국가에서는 **'간접 민주주의'**를 채택하고 있어.

'간접'이라는 말이 붙은 걸 보니, 직접 정치에 참여하지 않고 대표를 뽑아서 간접적으로 정치에 참여한다는 뜻이겠네?

 오! 똑똑한걸. 국민이 뽑은 대표를 통해 정치에 간접적으로 참여하는 형태를 간접 민주주의라고 해. 다른 말로는 '대의 민주주의'라고도 하지. 선거로 국회의원이나 대통령을 뽑는 것도 바로 이 간접 민주주의를 따른 거야.

## 봄쌤의 어휘 특강

민주주의, 정말 중요한 핵심 어휘지? 그럼 선생님이랑 같이 오늘 배운 내용을 다시 정리해 볼까?

### 민주주의의 의미와 유형

**★ 민주주의**
- <u>주권</u>이 국민에게 있고 정치권력이 국민의 지지와 동의를 바탕으로 운영되는 정치 형태.
  - 국가의 의사를 최종적으로 결정하는 능력.
- 고대 그리스어 demos(다수)와 kratos(지배)의 합성어로 <u>다수에 의한 지배</u>를 뜻함.

**★ 직접 민주주의**
- 모든 시민이 직접 정치에 참여하여 정책과 법률 등을 결정하는 정치 형태.
- 작은 도시 국가였던 고대 그리스의 아테네에서는 <u>직접 민주주의</u>가 가능함.
  → 여성, 노예, 외국인 등은 참여할 수 없었기 때문에 한계가 있음.

**★ 간접 민주주의**
- 국민이 직접 나서는 대신, 선거 등을 통해 국민의 정치적 뜻을 대신하는 대표를 선출해 간접적으로 참여하는 정치 형태.
- 현재 우리나라를 포함한 많은 국가에서 <u>간접 민주주의</u>를 시행 중임.

 어휘에 대한 설명을 읽고 알맞은 것에 O 표시해 봐.

1. ( 직접 민주주의 / 간접 민주주의 )는 국민이 직접 정치에 참여하는 대신, 선거 등을 통해 국민의 정치적 뜻을 대신하는 대표를 뽑아 간접적으로 정치에 참여하는 제도야.
2. 고대 그리스의 아테네처럼 모든 시민이 직접 정치에 참여하는 정치 형태를 ( 직접 민주주의 / 간접 민주주의 )라고 해.

 다음 설명이 뜻하는 어휘를 빈칸에 적어 봐.

> 이것의 어원은 고대 그리스어 demos(다수)와 kratos(지배)에서 나왔어. 소수가 아닌 다수에 의해 지배된다는 뜻으로, 정치권력이 국민의 지지와 동의를 바탕으로 운영되는 제도를 말해.

 **더 알아보기**

### 민주주의의 발전 정도를 알려 주는 '민주주의 지수'

영국 시사 주간지 《이코노미스트》의 한 연구 기관에서는 2006년부터 전 세계 167개국을 대상으로 민주주의 지수를 조사하고 있어. 선거 과정, 정치 문화 등을 살펴본 뒤, 각국을 '완전한 민주주의', '결함 있는 민주주의', '민주주의와 권위주의 혼합형 체제', '권위주의 체제'로 나누고 있지.

완전한 민주주의 국가에는 노르웨이, 스웨덴 등 북유럽 국가들이 주로 들어가. 우리나라는 2020년부터 2023년까지 완전한 민주주의 대열에 포함되었지만, 2024년에는 '결함 있는 민주주의'로 분류되었어. 이 결과를 통해 우리 사회가 어떤 점을 바로잡아야 할지 생각해 보면 좋겠지?

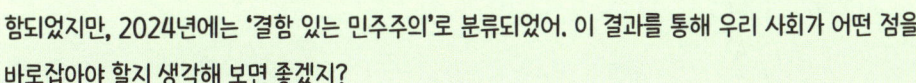

교과 연계 ▶ 중1  9-2 민주주의의 발전

## 02  ☑ 핵심 어휘  #영국 명예혁명  #미국 독립 혁명  #프랑스 혁명

## 바스티유를 습격하다!

1789년 7월 14일, 분노한 파리 시민들은 바스티유로 향합니다. 바스티유는 파리 동쪽에 있는 요새로 당시 죄수를 가두는 감옥으로 쓰이고 있었습니다. 성난 시민들의 공격에 수비군은 대포를 쏘며 막았지만, 결국 바스티유는 시민들에게 함락되고 맙니다.

프랑스의 화가 장 피에르 우엘이 그린 <바스티유 습격>은 당시의 긴박한 상황을 실감 나게 묘사한 그림입니다. 그런데 파리 시민들은 왜 바스티유를 공격했을까요?

프랑스 국왕인 루이 16세는 국가 재정이 나빠지자 세금 제도를 바꾸기 위해 삼부회를 소

장 피에르 우엘, 〈바스티유 습격〉

집했습니다. 삼부회는 프랑스의 성직자, 귀족, 평민 대표들이 모여 중요한 문제에 대해 토론하는 의회입니다. 하지만 평민 대표들은 삼부회에 크게 실망하고 맙니다. 성직자와 귀족 대표들끼리 손을 잡고 평민들의 세금 부담만 늘렸거든요. 평민 대표들은 "우리의 동의 없이 어떠한 세금도 걷을 수 없다."라고 반발했고, 루이 16세는 군대를 동원해 시민들을 위협하기 시작했습니다.

이 소식이 알려지자 크게 분노한 민중은 "우리도 목소리를 낼 권리가 있다!"라며 행동에 나섰습니다. 군대와 싸울 무기를 얻기 위해 바스티유로 향했고, 그곳에서 수비군과 전투를 벌였습니다. 바로 이 바스티유 습격 사건을 계기로 '프랑스 혁명'이 본격적으로 시작되었습니다.

## 질문하기

바스티유 습격 사건을 계기로 프랑스 혁명이 일어났다고?

맞아! 당시 프랑스 사회는 3개의 신분으로 나누어 있었는데, 제1 신분인 성직자와 제2 신분인 귀족은 세금을 내지 않고 관직을 독점하는 등 온갖 혜택을 누렸어. 반면 제3 신분인 평민들은 세금을 내느라 가난에 허덕였지. 시민들의 불만이 쌓여 가다가 삼부회에서 폭발했고, 바스티유 습격 사건을 계기로 '**프랑스 혁명**'이 시작되었어.

시민들은 혁명을 통해 자유와 권리를 찾으려 한 거네?
신분제 사회에서 자유를 외쳤다니, 시민들의 용기가 진짜 감동적이야!

그렇지? 시민들은 인간이란 모두 자유롭고 평등한 존재라는 생각을 가지고 시민 혁명을 일으켰어. 프랑스뿐만 아니라 그 이전에 영국, 미국에서도 시민들은 절대 권력에 맞서 싸웠지.

우아! 그럼 프랑스 혁명 이전에도 시민 혁명이 있었던 거야?

1688년에 일어난 '**영국 명예혁명**'은 국왕의 전제 정치에 반대하여 의회 지도자들이 일으킨 사건이야. 피 한 방울 흘리지 않고 왕을 바꾸는 데 성공해서, 명예혁명이라는 이름이 붙었지. 1776년 '**미국 독립 혁명**'은 영국의 부당한 식민 지배에 저항해서 일어났어. 이 사건으로 북아메리카의 13개 식민지 대표들은 '미국 독립 선언서'에 서명하고 새로운 국가인 미국을 세웠지. 이 혁명은 나중에 프랑스 혁명에도 큰 영향을 줬어.

존 트럼불, <미국 독립 선언>

## 봄쌤의 어휘 특강

권리를 위해 싸운 시민들의 행동이, 지금 우리가 누리는 자유의 시작이었을 거야. 앞에서 배운 시민 혁명에 대해 자세히 살펴볼까?

### 3대 시민 혁명

**★ 영국 명예혁명(1688년)**
- 제임스 2세의 전제 정치에 대한 반발로 일어남.
  ↳ 국가 권력을 개인이 장악하여 국민의 뜻이나 법률의 제약을 받지 않는 정치 체제.
- 피를 흘리지 않아 명예혁명이라고 부름.
- 의회의 권리를 보장하고 왕의 권력을 제한하는 '권리 장전'이 승인됨.

**★ 미국 독립 혁명(1776년)**
- 영국의 부당한 식민 지배에 대한 저항으로 일어남.
- 미국 독립 선언서가 채택됨.
  ↳ 국민 주권, 저항권이 명시됨.

**★ 프랑스 혁명(1789년)**
- 바스티유 습격 사건이 발단이 됨.
- 평민 대표들로 구성된 국민 의회가 만들어짐.
- 국민 의회가 발표한 인권 선언으로 자유와 평등 이념이 확산됨.
  ↳ 프랑스 혁명 당시 국민 의회가 발표한 선언으로 모든 인간은 평등하며 자유를 누릴 권리가 있음을 밝힘.

## 어휘 확인하기

 어휘에 알맞은 설명을 찾아 선으로 이어 봐.

영국 명예혁명 ● ● 국왕의 전제 정치에 반대하여 의회를 중심으로 일어난 사건이야.

미국 독립 혁명 ● ● 영국의 부당한 식민 지배에 맞서 벌어진 혁명을 말해.

 오늘 배운 어휘 중 빈칸에 들어갈 알맞은 어휘를 써 봐.

(　　　　　　　　)은 1789년 바스티유 습격 사건이 발단이 되었으며, 이 혁명이 일어난 당시 국민 의회는 인권 선언을 발표했어. 인권 선언을 통해 모든 인간은 평등하고 자유를 누릴 권리를 가지며, 나라의 주권은 국민에게 있음을 알렸지.

## 더 알아보기

### 차티스트 운동을 이끈 노동자들

시민 혁명 이후 부자나 상인 같은 사람들은 정치에 참여할 수 있었지만, 여전히 노동자나 가난한 사람들은 권리를 인정받지 못하고 소외되었어. 이들은 선거권을 요구하는 운동을 계속해서 펼쳤는데, 1838년부터 1848년에 영국에서 일어난 '차티스트 운동'이 그중 하나야.

차티스트 운동을 이끈 사람들은 다름 아닌 노동자들로, 이들은 자신들의 주장을 '인민헌장'이라는 문서에 담아 의회에 보냈어. 인민헌장에는 21세 이상 남성의 선거권 인정, 비밀 투표 보장, 매년 의회 선거 실시, 의원이 되기 위한 재산 자격 폐지 등의 내용이 담겨 있었다고 해.

# 03 핵심 어휘  #인간의 존엄성  #자유  #평등

교과 연계 ▶ 중1  9-2 민주주의의 발전

## 프랑스 국기에 숨은 비밀?

오늘은 학교에서 '세계의 국기'라는 주제로 발표를 했어요. 선재는 프랑스 국기를 골라 이야깃거리를 준비했지요. 발표 시간이 되자 선재가 국기를 두 손에 높이 들고 앞으로 나섰어요.

"여러분, 안녕하세요. 오늘 제가 소개할 국기는 바로 프랑스의 국기예요."

선재는 프랑스 국기를 쫙 펼치며 말했어요.

"프랑스 국기는 세 가지 색으로 이루어져 있는데, 이 색들은 프랑스 혁명과 관련이 있다고 해요."

선재가 또랑또랑한 목소리로 설명을 이어 나갔어요.

"프랑스 혁명을 이끌었던 라파예트 장군은, 혁명이 벌어졌을 때 시민들에게 파란색, 하얀색, 빨간색으로 만든 장식물을 나누어 주며 모자에 달도록 했어요. 그리고 프랑스 혁명이 성공하면서 이 색들은 자연스럽게 혁명을 상징하는 색이 되었고요. 나중에 프랑스 국기를 정할 때 라파예트 장군은 이 색들을 국기에 넣자며 제안했고, 그렇게 해서 지금처럼 세 가지 색이 들어간 프랑스 국기가 탄생했어요."

선재의 발표가 끝나자 아이들이 짝짝 손뼉을 쳤어요.

"선재가 프랑스 국기에 대해 잘 설명해 주었네요. 참 잘했어요."

선생님의 칭찬을 들은 선재는 무척 뿌듯했어요.

## 질문하기

프랑스 국기의 세 가지 색에는 특별한 뜻이 담겨 있다고 하던데, 맞아?

 응. 프랑스 국기의 파란색은 자유, 하얀색은 평등, 빨간색은 박애를 의미해. 박애는 모든 사람을 평등하게 사랑한다는 뜻이야. 자유와 평등은 어디선가 많이 들어 봤지? 텔레비전이나 뉴스 등에서 민주주의를 이야기할 때 빼놓지 않고 등장하는 단어가 바로 자유와 평등이야.

민주주의에서 자유와 평등은 정말 중요한 개념인가 봐.

 맞아. 민주주의는 인간의 존엄성이 실현되는 것을 근본이념으로 하는데, **'인간의 존엄성'**이란 모든 인간은 존재 자체로 존중받을 자격이 있다는 의미야. 인간의 존엄성이 실현되려면 개인의 자유와 평등은 반드시 보장되어야 해.
**'자유'**는 외부의 간섭을 받지 않고 자신의 생각에 따라 결정하고 행동하는 것을 말해. 오늘날에는 국가나 타인의 억압을 받지 않을 자유뿐만 아니라, 정책에 참여하고 최소한의 인간다운 삶을 요구할 자유도 포함되지.

**'평등'**은 모든 사람들이 차별 없이 동등하게 대우받는 것, 맞지?

 오! 잘 알고 있는데? 사람이라면 누구나 성별이나 신분, 종교, 재산 등에 따라 차별받지 않아야 해. 모든 사람은 법 앞에 평등하거든. 우리 헌법은 모두에게 똑같은 기회를 줄 뿐만 아니라 개인의 조건과 한계를 고려한 실질적 평등을 추구하고 있어.

## 봄쌤의 어휘 특강

민주주의 국가에 살고 있다면 자유와 평등, 꼭 기억해야겠지?
자, 그럼 오늘 배운 내용을 다시 살펴볼까?

### 민주주의의 이념

**＊ 인간의 존엄성**
- 모든 인간은 인간이라는 이유만으로 존중받을 권리가 있음을 의미함.
- 민주주의는 인간의 존엄성 실현을 근본이념으로 함.
- 인간의 존엄성이 실현되려면 개인의 자유와 평등이 보장되어야 함.

**＊ 자유**
- 국가나 타인에게 부당하게 구속되거나 간섭받지 않고 자신의 생각에 따라 결정하고 행동할 수 있음을 의미함.
- 오늘날에는 정부의 정책에 참여하고, 인간다운 삶을 요구할 수 있는 자유도 강조됨.

**＊ 평등**
- 모든 사람이 성별, 인종, 재산, 종교, 신분 등에 따라 차별받지 않고 동등하게 대우받는 것을 의미함.
- 현대에는 개인이 가진 선천적·후천적 차이를 고려하여 실질적 평등이 이루어지도록 노력함.

## 어휘 확인하기

 어휘에 대한 설명을 읽고 맞는 것은 O, 틀린 것은 X 표시해 봐.

1. 민주주의는 인간의 존엄성 실현을 근본이념으로 해. ☐

2. 인간의 존엄성이 실현되려면 자유와 평등 중 자유만 보장하면 돼. ☐

 다음 설명을 잘 읽고, 빈칸에 공통으로 들어갈 어휘를 써 봐.

[           ] 은 세상에 태어난 모든 사람은 성별, 신분, 종교 등에 따라 차별받지 않고 동등하게 대우받아야 한다는 말이야. 오늘날에는 많은 국가가 개인이 가진 차이까지 고려하여 실질적인 [           ] 이 이루어질 수 있도록 노력하고 있어.

☐

## 더 알아보기

### 왜 유럽 국기에는 삼색기가 많을까?

유럽 국기들을 보면 삼색으로 된 국기가 많아. 프랑스 혁명 이후 유럽의 여러 국가에서 절대 왕권이 무너지며 새로운 국가가 세워졌고, 국민 주권을 상징하는 프랑스 국기를 본떠 만든 삼색 국기가 많이 등장했지.

이탈리아 국기의 초록색은 이탈리아 남부의 푸른 자연을, 하얀색은 언제나 눈이 쌓여 있는 북부의 알프스 지역을, 빨간색은 이탈리아의 역사 속에서 흘린 피를 상징한다고 해.

아일랜드 국기는 어떨까? 아일랜드 국기의 초록색은 로마 가톨릭교, 주황색은 개신교를 나타내. 그리고 하얀색은 두 종교의 신도들이 힘을 합쳐 나라를 이끌어 가자는 화해와 단결을 뜻해.

이탈리아 국기

아일랜드 국기

교과 연계 ▶ 중1  9-2 민주주의의 발전

## 04 핵심 어휘

#국민 주권의 원리  #권력 분립의 원리  #국민 자치의 원리
#입헌주의의 원리

## 북튜버 다다의 책을 읽어 드립니다!

안녕하세요? 재미있는 책을 소개해 드리는 북튜버, 다다입니다! 오늘 살펴볼 소설은 영국 작가인 조지 오웰이 쓴 《동물농장》입니다. 먼저 줄거리를 알아볼까요?

존스 씨가 운영하는 농장에는 돼지, 양, 말, 소, 닭 등 여러 동물이 살았어요. 노예처럼 부려졌던 동물들은 혁명을 일으켜 인간들을 농장 밖으로 몰아냈고, 동물이 주인인 평등한 사회를 만들었어요.

그런데 똑똑하다는 이유로 돼지들이 점차 특권을 누리기 시작했어요. 젊은 수퇘지 나폴레옹은 경쟁자였던 스노볼을 내쫓고 권력을 독차지했고, 동물들은 이전보다 더 심한 착취에 시달리며 살아가게 되었어요.

이 책은 농장에 사는 동물들의 이야기를 통해 권력이 특정 집단에게만 집중되었을 때 일어날 수 있는 일들을 실감 나게 보여 줘요. 여러분도 《동물농장》을 읽으면서 권력에 대해 다시 한번 생각해 보면 좋겠어요. 지금까지 북튜버 다다였습니다. 다음 이 시간에 또 만나요. 구독이들~, 안녕!

## 질문하기

으으, 《동물농장》에서 일어난 일들이 실제로 벌어진다고 생각하면 정말 끔찍하다.

맞아. 그래서 민주주의 국가는 권력이 집중되는 일을 막기 위해 '**권력 분립의 원리**'를 지키고 있어. 국가 권력을 독립된 기관이 나누어 맡도록 하는 거야. 법을 제정하는 입법부, 법을 집행하는 행정부, 법을 적용하는 사법부를 두어, 서로 견제하여 권력 남용으로 인한 인권 침해가 일어나지 않도록 노력하고 있어.

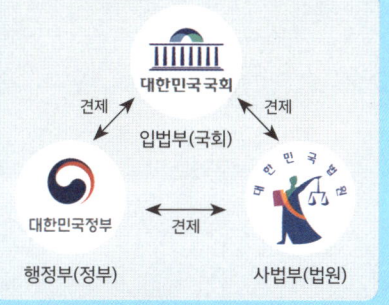
우리나라의 권력 분립 구조

오, 그렇구나! 민주주의 국가에서 국민의 권리를 보장하는 다른 원리도 있어?

'**국민 주권의 원리**'가 있어. 주권이란 국가의 의사를 결정하는 최고의 권력을 말하는데, 이러한 주권이 국민에게 있다는 거야. 이 원리에 따라 국가가 정치권력을 행사할 때는 반드시 국민의 지지와 동의를 얻어야 해. 또한 '**국민 자치의 원리**'도 있어. 주권을 가진 국민이 스스로 국가를 다스려야 한다는 거야. 국민은 간접 민주주의와 직접 민주주의를 통해 국민 자치의 원리를 실현할 수 있어.

직접 민주주의는 고대 아테네에서 했던 방식이고, 간접 민주주의는 현재 대부분의 국가에서 하고 있는 거지?

오, 잘 기억하고 있네! 마지막으로 소개할 원칙은 바로 '**입헌주의의 원리**'야. 입헌주의의 원리는 국가의 최고법인 헌법에 따라 국가 기관을 구성하고, 정치권력을 행사해야 한다는 거야.

## 봄쌤의 어휘 특강

민주주의 국가의 국민으로서 오늘 배운 내용을 잘 기억해 두면 좋겠지? 선생님이랑 민주주의의 기본 원리에 대해 다시 정리해 보자.

### 민주주의의 기본 원리

**★ 국민 주권의 원리**
- 국가의 의사를 결정하는 최고 권력인 주권이 국민에게 있다는 원리.
- 주권이 국민에게 있으므로 국가는 국민의 동의와 지지가 없이는 정치권력을 행사할 수 없음.

**★ 권력 분립의 원리**
- 국가 권력을 서로 독립된 여러 기관에 나누어 견제와 균형을 이루어야 한다는 원리.
- 입법부: 법을 제정 / 행정부: 법을 집행 / 사법부: 법을 적용

**★ 국민 자치의 원리**
- 주권을 가진 국민이 스스로 국가를 다스려야 한다는 원리.
- 고대 아테네의 '직접 민주주의'와 국민이 선출한 대표가 국가의 중요한 정책을 결정하는 '간접 민주주의'가 있음.

**★ 입헌주의의 원리**
- 국가의 최고법인 헌법에 따라 국가 기관을 구성하고 정치권력을 행사해야 한다는 원리.
- 국가 권력의 남용을 방지하고, 국민의 권리와 자유를 보장함.

서울특별시 종로구에 위치한 헌법 재판소

 어휘에 대한 설명을 읽고 알맞은 것에 O 표시해 봐.

1. ( 권력 분립의 원리 / 국민 자치의 원리 )는 주권을 가진 국민이 스스로 국가를 다스려야 한다는 원리야.
2. 민주주의 국가에서는 최고법인 헌법에 따라 국가 기관을 구성하는데, 이를 ( 국민 주권의 원리 / 입헌주의의 원리 )라고 해.

 다음 설명이 뜻하는 어휘를 빈칸에 적어 봐.

> 국가 권력을 서로 독립된 여러 기관에 나누는 원리를 말해. 대부분의 민주주의 국가에서는 입법부, 행정부, 사법부로 국가 권력을 나누어 서로 견제하며 균형을 이루고 있어.

## 더 알아보기

### 스위스의 특별한 직접 민주주의, 란츠게마인데

스위스는 국민 자치의 원리를 철저히 지키는 나라로 잘 알려져 있어. 세금을 올리는 등 중요한 사회 문제는 대부분 주민 투표로 결정하지. 일부 주에서는 고대 아테네처럼 주민들이 광장에 모여 손을 드는 방식으로 표결에 참여하기도 해. 일 년에 한 번, 광장에서 열리는 이 주민 총회를 '란츠게마인데(Landsgemeinde)'라고 불러.

스위스 글라루스주에서 열린 란츠게마인데

란츠게마인데에서는 누구나 손을 들어 자신의 의견을 말할 수 있고, 직접 투표에 참여할 수 있어. 현재는 스위스의 글라루스주와 아펜첼이너로덴주에서 란츠게마인데를 이어 나가고 있어.

05 ✅ 핵심 어휘  #보통 선거  #평등 선거  #직접 선거  #비밀 선거

교과 연계 ▶ 중1  10-1 선거와 민주 정치

## 소중한 한 표, 누구에게 투표할까?

"야호! 학교에 안 가도 된다니, 신난다!"

수현이는 손을 쭉 뻗으며 함성을 질렀어요. 오늘은 대통령 선거가 있어서 아빠와 엄마가 다니는 직장도, 수현이가 다니는 학교도 쉬어요. 수현이는 엄마 아빠와 함께 놀 생각에 신이 나서 방방 뛰었어요. 그런데 수현이가 도착한 곳은 바로 투표소였어요.

"수현아, 빨리 투표하고 올게. 기표소 밖에서 잠시 기다려 줄래?"

수현이는 속상해서 입이 댓 발 나왔어요.

"엄마나 아빠 중에 한 분만 가면 안 돼요? 대신 투표해 주면 되잖아요."

그러자 아빠가 수현이를 진지하게 바라보며 말씀하셨어요.

"아니야, 수현아. 선거는 본인이 직접 가서 해야 해. 우리의 대표를 뽑는 아주 중요한 일이거든. 어떤 사람이 뽑히느냐에 따라 우리의 삶이 아주 많이 달라질 수 있어서 투표권을 가진 사람이 꼭 직접 가서 선거를 해야 한단다."

선거가 그렇게 중요한 일이었다니…. 수현이는 천천히 고개를 끄덕였어요.

"알겠어요. 얼른 가서 투표하고 오세요."

"고맙다, 수현아. 투표하고 바로 놀러 가자."

기표소에 들어가는 부모님을 보며 수현이는 자신도 빨리 투표할 수 있는 나이가 되면 좋겠다고 생각했어요. 내 한 표도 언젠가는 쓸 날이 오겠죠?

## 질문하기

선거가 그렇게 중요한 일이야?

 당연하지. 선거는 민주주의 국가에서 국민이 권리를 행사하는 가장 기본적인 방법이야. 선거를 통해 어떤 대표가 뽑히느냐에 따라 정책이 바뀌고, 사회 구조가 달라질 수 있어. 그래서 우리나라에서는 공정한 선거를 치를 수 있도록 기본 원칙을 정하고 있어.

초등학생은 투표할 수 없다는 것도 기본 원칙에 들어가?

 맞아! 일정한 연령 이상의 국민이면 누구나 선거권을 가지는 것을 '**보통 선거**'라고 해. 우리나라에서는 선거일 기준으로 18세부터 투표할 수 있어. 두 번째 기본 원칙은 '**평등 선거**'야. 유권자는 신분이나 재산 등에 관계없이 모두 한 표씩 행사할 수 있고, 한 표의 가치는 모두 똑같아. 세 번째 기본 원칙은 수현이 아빠의 이야기에서 추측해 볼래?

음, 수현이 아빠처럼 투표 장소에 가서 직접 선거를 해야 한다는 거지?

 딩동댕~. 수현이 아빠가 했던 말 기억나? 선거는 본인이 해야 한다고 그랬잖아. '**직접 선거**'의 원칙에 따라 선거는 투표권을 가진 사람이 직접 가서 투표해야 해. 다른 사람이 절대 대신할 수 없어. 마지막 기본 원칙은 '**비밀 선거**'야. 유권자가 누구에게 투표를 했는지 다른 사람이 알지 못하도록 하는 게 바로 비밀 선거의 원칙이야.

## 봄쌤의 어휘 특강

> 지금은 선거권이 없지만 여러분도 언젠가 표를 행사할 날이 올 거예요. 그러니 선거의 기본 원칙, 잘 기억해야겠죠?

### 선거의 의미

**＊ 선거**
- 대의 민주주의에서 국민을 대신할 대표를 선출하는 과정.
- 어떤 대표자를 뽑느냐에 따라 나라의 정책과 방향이 달라짐.

### 선거의 기본 원칙

**＊ 보통 선거**
- 일정한 나이 이상의 국민이면 누구나 선거권을 가짐.
- 성별, 재산, 직업, 학력, 종교 등을 이유로 선거에 참여할 권리가 제한되지 않음.

**＊ 평등 선거**
- 모든 유권자에게 동등하게 1인 1표를 보장함.
  ↳ 선거에서 대표자를 선출할 수 있는 권리를 가진 사람.
- 각 유권자의 한 표의 가치가 같음.

**＊ 직접 선거**
- 유권자가 직접 투표소에 나가 후보자나 정당에 투표함.

**＊ 비밀 선거**
- 유권자가 누구에게 투표했는지 알 수 없도록 비밀을 보장함.

## 어휘 확인하기

 어휘에 알맞은 설명을 찾아 선으로 이어 봐.

보통 선거 •　　　　• 유권자가 직접 투표소에 가서 후보자나 정당에 투표해야 한다는 원칙이야.

직접 선거 •　　　　• 일정한 연령 이상의 국민이라면 누구나 선거권을 가질 수 있다는 원칙이야.

 오늘 배운 어휘 중 빈칸에 들어갈 알맞은 어휘를 써 봐.

우리나라에서는 공정한 선거를 치르기 위해 보통 선거, 평등 선거, 직접 선거, (　　　　　　　)를 기본 원칙으로 지키고 있어.

## 더 알아보기

### 미국의 선거는 어떻게 진행될까?

미국은 간접 선거로 대통령을 뽑아. 유권자가 먼저 선거인단을 뽑고, 그 선거인단이 대통령을 선출하는 방식이지. 또한 미국 대부분의 주에서는 '승자 독식'을 따르는데, 승자 독식이란 각 주에서 승리한 후보가 선거인단을 모두 가져가는 방식이야.

예를 들어 어떤 후보가 A라는 주에서 51%의 표를 얻으면, 그 주의 모든 선거인단을 확보하게 돼. 그래서 미국의 간접 선거 방식에서는 전체 득표수보다 각 주에서 확보한 선거인단 수가 더 중요해.

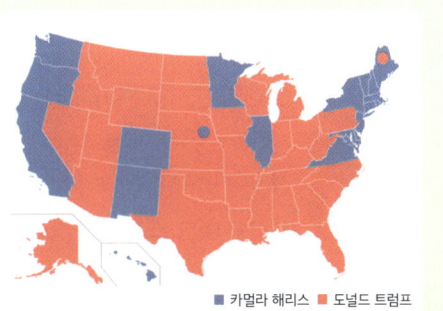

2024년 미국 대통령 선거 결과

# 06

✅ **핵심 어휘** #시민 단체 #이익 집단 #정당

교과 연계 ▶ 중1  10-2 정치 주체와 정치 과정

## 녹색소비자연대를 소개합니다!

 안녕하십니까? '틴즈 뉴스'의 김유빈입니다. 오늘은 녹색소비자연대에서 활동 중인 이환경 님을 만나 보겠습니다. 녹색소비자연대는 어떤 단체인가요?

 녹색소비자연대는 지구에 닥친 환경 위기를 극복하기 위해 환경을 생각하는 새로운 생활 양식을 만들어 나가는 시민 단체입니다.

 그렇군요. 녹색소비자연대는 어떤 방식으로 시민들을 돕고 있나요?

 소비자가 환경을 고려한 선택을 할 수 있도록 다양한 정보와 교육 프로그램을 제공합니다. 또한 소비자의 권리를 보호하기 위해 정부 정책을 감시하고 비판하는 활동도 하고 있습니다.

 정치 과정에도 참여하신다고 들었어요.

 네, 소비자 보호와 환경 문제에 대한 정책을 제안하고, 환경 관련 법안이 만들어질 때 의견을 보태기도 합니다.

 마지막으로, 청소년들에게 전하고 싶은 메시지가 있다면 무엇인가요?

 청소년 여러분, 환경을 생각하며 소비해 주세요. 함께하면 더 푸르고, 깨끗한 세상을 만들 수 있습니다.

 네, 이상으로 인터뷰를 마치겠습니다! 감사합니다!

## 질문하기

시민 단체는 개인의 삶은 물론 정책도 바꿀 수 있나 봐!

맞아. 옛날에는 왕이나 소수의 권력자들이 정책을 결정했지만, 오늘날에는 시민 단체를 비롯한 다양한 집단들이 정치 과정에 참여하고 있어. **'시민 단체'** 는 우리 사회의 여러 가지 문제를 해결하고 공익을 추구하기 위해 시민들이 자발적으로 만든 단체야. 환경뿐 아니라 노동, 인권 등 다양한 분야에서 활동하고 있지.

불평등 문제를 알리는 시민 단체

시민 단체 외에 정치 과정에 참여하는 주체들이 더 있어?

그럼! 노동조합, 의사 협회와 같은 **'이익 집단'** 도 정치 과정에 참여하는데, 이익 집단은 이해관계를 같이하는 사람들이 자신들의 특수한 이익을 실현하기 위해 만든 단체를 말해. 또한 **'정당'** 은 정치적으로 비슷한 입장을 가진 사람들이 모여서 정치권력을 획득하기 위해 만든 단체야.

우아, 정말 다양한 주체들이 정치 과정에 참여하는구나!

응. 그리고 '언론'과 '국가 기관'도 있어. 언론은 방송, 인터넷, 신문 등으로 여론을 형성해 국회나 정부에 전달해. 그러면 국가 기관은 정책을 결정하고 집행하는 일을 하지. 만약 집행된 정책에 보완할 점이 생긴다면, 국가 기관은 국민의 의견을 모아 정책을 다시 살펴보고 수정해. 아참, 개인도 독자 투고, 집회 참여 등 다양한 방법으로 정치에 참여할 수 있다는 거, 잊지 말고!

## 봄쌤의 어휘 특강

정책이 결정되기까지 정말 많은 주체가 참여하는구나! 이제 오늘 배운 내용을 자세히 살펴볼까?

### 정치 과정에 참여하는 정치 주체

① **시민 단체**
- 사회의 여러 가지 문제를 해결하고 공익을 실현하기 위해 시민이 자발적으로 만든 단체.

② **이익 집단**
- 이해관계를 같이하는 사람들이 자신들의 특수한 이익을 실현하기 위해 만든 집단.
- 특정 집단의 이익을 추구하다 보면 공익과 충돌하기도 함.

③ **정당**
- 정치적 의견과 생각을 같이하는 사람들이 정치권력을 얻기 위해 만든 단체.

④ **언론**
- 신문, 방송, 인터넷을 통해 정보를 제공하고 여론을 형성함.

⑤ **국가 기관**
- 국회, 정부, 법원 등 국가 기관은 공식적으로 정책을 결정하고 집행함.

⑥ **개인(시민)**
- 선거에 출마하거나 투표, 정당 가입, 시민 단체 활동 등을 통해 정책 결정 과정에 참여함.

## 어휘 확인하기

어휘에 대한 설명을 읽고 맞는 것은 O, 틀린 것은 X 표시해 봐.

1. 이익 집단은 사회의 여러 가지 문제를 해결하고 공익을 실현하기 위해 시민들이 스스로 만든 집단이야.
2. 정당은 정치적으로 비슷한 의견을 가진 사람들이 모여서 정치권력을 얻기 위해 만든 단체를 말해.

다음 설명을 잘 읽고, 빈칸에 공통으로 들어갈 어휘를 써 봐.

[　　　　　]은 이해관계가 같은 사람들끼리 자신의 특수한 이익을 실현하기 위해 만든 단체를 말해. [　　　　　]이 자기 집단의 이익을 지나치게 추구하면 공익과 충돌할 수 있어.

### 더 알아보기

**기후 변화를 막아라! '청소년 기후 행동'**

청소년 기후 행동은 기후 변화의 심각성을 알리고, 정부에게 환경을 고려한 정책을 요구하기 위해 만든 단체야. 기후 변화의 가장 큰 피해자인 청소년들이 기후 문제를 적극적으로 해결하기 위해 설립했다는 점에서 큰 의미가 있지.

지난 2020년, 청소년 기후 행동에 속한 19명의 청소년들은 정부가 온실가스 문제에 소극적으로 대응하여, 청소년의 생명권과 환경권을 침해한다며 헌법 소원을 제기했어. 그리고 4년 5개월 만에 판결에서 이기며 뜻깊은 결과를 만들었지. 헌법 소원에 참여한 한 청소년은 "이번 판결은 끝이 아닌 기후 대응의 시작!"이라며 소감을 밝혔어.

# 07

✅ **핵심 어휘** #지방 자치 #광역 자치 단체 #기초 자치 단체

교과 연계 ▶ 중1  10-3 지방 자치와 시민 참여

## 군수 출마를 선언합니다!

존경하는 시민 여러분, 안녕하십니까? ○○군 군수 선거에 출마한 기호 1번 박민수입니다.

우리 ○○군은 예로부터 아름다운 자연과 깨끗한 물로 유명한 고장입니다. 이 소중한 가치를 지키며 여러분과 함께 더 나은 고장을 만들어 가고자 합니다. 오늘 저는 우리 고장을 위한 공약을 말씀드리기 위해 이 자리에 섰습니다.

첫째, 환경을 지키며 발전하겠습니다. ○○군의 깨끗한 자연을 보존하면서 경제를 발전시키도록 노력하겠습니다. 지역 농가와 협력하여 환경의 소중함을 느낄 수 있는 생태 관광을 계획하고, 감자와 배추 등 우리 지역의 우수한 농산물을 홍보하겠습니다.

둘째, 주민 복지를 늘리겠습니다. 모든 세대가 행복하게 살아갈 수 있는 고장을 만들기 위해 복지 정책을 확대하겠습니다. 특히 어르신들께는 건강 검진과 생활 지원을, 아이들에게는 돌봄과 배움의 기회를 아끼지 않겠습니다.

셋째, 교통의 혁신을 가져오겠습니다. 버스 노선을 늘려 주민들이 더욱 쉽게 이동할 수 있도록 돕고, 차가 다니기 힘든 곳은 도로를 새롭게 만들겠습니다.

○○군의 밝은 미래는 여러분의 손에 달려 있습니다.

저, 박민수에게 여러분의 소중한 한 표를 부탁드립니다. 감사합니다!

## 질문하기

 군수 선거에 출마한 후보자의 연설문에서 패기가 느껴져! 그런데 군수도 선거를 통해 뽑는 거야?

 응. 우리나라는 '**지방 자치**' 제도에 따라 해당 군의 주민들이 직접 투표하여 군수를 선출하고 있어. 지방 자치 제도란 일정한 지역에 사는 주민들이 지방 자치 단체를 구성하여 그 지역의 일을 자율적으로 처리하는 제도를 말해.

 와! 그럼 지역에 필요한 정책을 효율적으로 만들 수 있겠네?

 맞아. 주민들이 자신이 살고 있는 지역의 문제를 주체적으로 해결하기 때문에, 작은 문제들도 세세하게 살피고 처리할 수 있다는 장점이 있어. 또한 국가 권력이 중앙 정부에 집중되지 않고 지방 자치 단체에 나누어져 권력 분립을 실현하는 데 도움이 돼.

진주시가 자체적으로 만든 대표 캐릭터

 그럼 지방 자치 단체는 어떻게 구성되어 있어?

 지방 자치 단체는 '광역 자치 단체'와 '기초 자치 단체'로 나뉘어. '**광역 자치 단체**'는 특별시, 광역시, 특별자치시, 도, 특별자치도 등이 포함돼. 서울특별시, 부산광역시, 경기도 등 큰 규모의 자치 단체가 광역 자치 단체에 속해. '**기초 자치 단체**'는 시, 군, 구 등 작은 규모의 자치 단체야. 성남시, 양평군, 관악구 등을 말하지.

## 봄쌤의 어휘 특강

오늘 살펴볼 주제는 '지방 자치'야. 자, 그럼 선생님이랑 같이 아래 칠판을 보며 정리해 볼까?

### 지방 자치의 의미

**✻ 지방 자치**
- 주민들이 지방 자치 단체를 구성하여 지역의 일을 스스로 결정하고 처리하는 제도.
- 정치권력이 중앙 정부에 집중되는 것을 막고 권력 분립을 실현함.

### 지방 자치 단체의 구성

- **광역 자치 단체**와 **기초 자치 단체**로 나뉨.

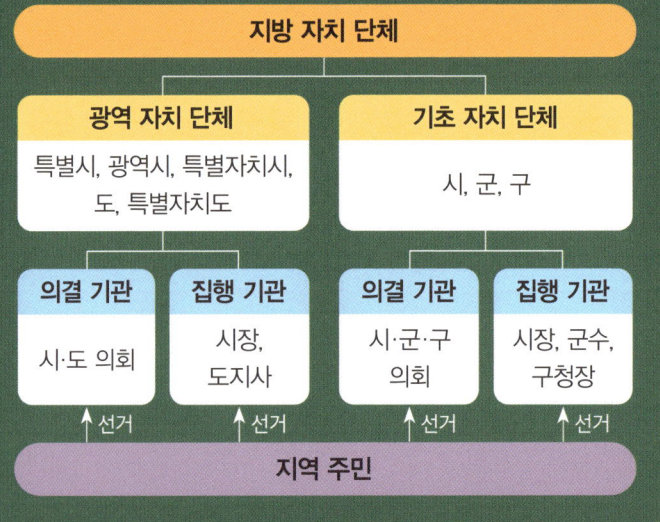

### 어휘 확인하기

 어휘에 대한 설명을 읽고 알맞는 답에 O 표시해 봐.

1. 시, 군, 구 등 소규모의 자치 단체를 ( 광역 자치 단체 / 기초 자치 단체 )라고 해.
2. ( 광역 자치 단체 / 기초 자치 단체 )는 특별시, 광역시, 특별자치시, 도, 특별자치도 같은 대규모의 자치 단체를 말해.

 다음 설명이 뜻하는 어휘를 빈칸에 적어 봐.

> 지역에 사는 주민이 지방 자치 단체를 만들어 그 지역의 일을 스스로 처리하는 제도를 말해. 주민들이 자신이 살고 있는 지역의 문제들을 자세하게 살펴보고 해결할 수 있다는 장점이 있어.

### 더 알아보기

#### 풀뿌리 민주주의가 뭐예요?

길가에 서 있는 나무 아래에는 무엇이 있을까? 겉으로는 잘 보이지 않지만 나무 아래 땅속에는 뿌리가 깊이 뻗어 있어. 뿌리는 나무가 자라는 데 필요한 여러 양분을 빨아들이고, 나무가 튼튼히 자랄 수 있도록 지탱하는 일을 해. 뿌리가 땅속 깊이 뻗어 있어야 나무도 무럭무럭 자랄 수 있어.

'풀뿌리 민주주의'는 바로 이 나무뿌리의 모습에 빗대어 설명할 수 있어. 뿌리가 나무의 성장에 중요한 역할을 하는 것처럼, 지방 자치 제도가 잘 이루어져야 민주주의가 발전될 수 있다는 뜻이야. 그러니 지방 자치에 관심을 갖고 꾸준히 지켜보면 좋겠지?

# 08

**핵심 어휘** #주민 투표 #주민 소환 #주민 참여 예산제

교과 연계 ▶ 중1  10-3 지방 자치와 시민 참여

## 우리 동네의 특별한 날

지원이는 아침 일찍 일어나 친구와 함께 동네 공원으로 향했어요. 오늘은 정말 특별한 행사가 있거든요. 동네 주민이라면 누구나 참여할 수 있는 '전통놀이 대잔치'가 열리는 날이에요.

행사는 흥겨운 전통 음악과 함께 시작되었어요. 첫 놀이는 제기차기였어요. 지원이는 땀을 뻘뻘 흘리며 열심히 제기를 찼어요. 최고 기록은 10번! 친구들 중에 지원이가 1등이었어요. 다음으로는 굴렁쇠 굴리기에 도전했어요. 처음에는 굴렁쇠가 마음처럼 잘 굴러가지 않아서 속상했지만, 여러 번의 연습 끝에 제대로 굴릴 수 있었어요. 지원이는 친구들과 같이 널뛰기, 비석차기, 투호 던지기 등 다양한 전통놀이를 하며 신나게 놀았어요.

놀이가 끝난 후에는 주민 자치 센터에서 준비한 간식도 먹었어요. 지원이가 가장 좋아하는 떡볶이와 탕후루가 간식으로 나왔어요. 한 입씩 번갈아 먹으니, 매콤하고 달콤하고 정말 맛있었어요.

오늘 행사는 주민 참여 예산제 덕분에 열렸다고 해요. 주민 참여 예산제란 지방 자치 단체의 예산을 짤 때 주민이 직접 참여하는 제도라고 엄마가 알려 주셨어요.

전통놀이 대잔치가 우리 동네 주민들이 직접 제안하고 예산을 받아 열린 행사였다는 걸 알고 나니, 오늘 하루가 더욱 특별하게 느껴졌어요.

## 질문하기

지원이가 정말 재미있는 하루를 보냈구나.
그런데 전통놀이 행사가 주민 참여 예산제 덕분에 열렸다고?

 응! **'주민 참여 예산제'**란, 지방 자치 단체의 예산 편성 과정에 주민이 참여하는 제도야. 이를 통해 주민이 원하는 곳에 예산을 반영하고, 사업이나 행사를 추진할 수 있지. 우리나라에서는 2003년에 광주광역시 북구에서 처음 주민 참여 예산제를 시행했고, 2011년에 주민 참여 예산제를 의무화하며 전국적으로 확산되었어.

아, 그렇구나! 지방 자치에 주민이 참여할 수 있는 방법에는 또 뭐가 있어?

 가장 직접적인 참여 방법은 바로 투표야. **'주민 투표'**는 지역 사회의 중요한 문제를 주민이 직접 투표로 결정하는 것을 말해. 예를 들어 공원을 새롭게 짓거나 도로를 건설할 때, 주민들의 의견을 반영하기 위해 주민 투표를 실시할 수 있어. 또한 선출된 공직자가 직무를 잘 수행하지 못했을 때에도 주민 투표를 통해 그만두게 할 수 있는데, 이러한 제도를 **'주민 소환'**이라고 해.

그럼 투표 결과에 따라 공직자는 직무를 관두게 되는 거야?

 맞아. 주민 소환 투표는 찬성 또는 반대를 선택하는 형식으로 실시하는데, 투표권을 가진 사람의 3분의 1 이상이 투표에 참여하고, 과반수가 찬성하면 확정돼. 주민 소환 투표의 대상자는 그 결과가 공표된 시점부터 직무를 할 수 없어.

## 봄쌤의 어휘 특강

다양한 방법으로 지방 자치에 참여할 수 있네! 그럼 선생님이랑 같이 오늘 배운 내용을 다시 살펴볼까?

### 지방 자치에 참여하는 방법

**✱ 주민 투표**
- 지역 사회의 중요한 문제를 <u>주민이 직접 투표로 결정하는 것</u>.
- 주민들이 직접 정책에 의견을 표현할 수 있게 하여, <u>민주주의의 기본 원리를 실현함</u>.

**✱ 주민 소환**
- 선출된 공직자가 직무 수행에 심각한 문제가 있을 때 주민 투표를 통해 <u>해임</u>할 수 있는 제도.
  ↳ 어떤 지위나 맡은 일을 그만두게 함.
- 공직자의 책임감을 높일 수 있음.

**✱ 주민 참여 예산제**
- 지방 자치 단체의 예산 편성 과정에 <u>주민이 직접 참여하는 제도</u>.
- 주민들이 예산이 필요한 사업을 파악하고 제안함으로써, 예산을 필요한 곳에 효율적으로 나누어서 쓸 수 있음.

주민 참여 예산제를 통해 만든 생태 공원

## 어휘 확인하기

 어휘에 알맞은 설명을 찾아 선으로 이어 봐.

주민 투표 ● ● 지역 사회의 중요한 문제를 주민이 직접 투표로 정하는 거야.

주민 소환 ● ● 공직자가 직무 수행에 문제가 있을 때 이 제도로 그만두게 할 수 있어.

 오늘 배운 어휘 중 빈칸에 들어갈 알맞은 어휘를 써 봐.

지방 자치 단체의 예산 편성 과정에 주민이 직접 참여하는 제도를 (　　　　　　　　)라고 해. 주민들이 예산이 필요한 사업을 파악하고 제안함으로써, 예산을 효율적으로 사용할 수 있어.

## 더 알아보기

### '주민 소환'으로 해임된 공직자가 있다고?

2007년 12월 12일, 하남시의 시 의원들은 주민들의 동의 없이 화장터를 건설하려 했다는 이유로 소환 대상이 되었어. 그리고 주민 소환 투표가 실시되었고, 결국 시 의원 2명이 의원직에서 물러났지. 이는 우리나라 최초로 주민 소환이 성공한 사례라고 해. 이후에도 여러 번 주민 소환이 시도되었지만, 실제 투표까지 진행된 경우는 거의 없었어.

주민 소환은 우리가 살고 있는 지역의 문제에 대해 직접 목소리를 낼 수 있다는 점에서 뜻깊은 제도야. 만약 내가 살고 있는 지역에서 이런 일이 생긴다면, 나는 어떻게 행동할 수 있을까?

# 09 핵심 어휘 #공법 #사법

교과 연계 ▶ 중1 11-2 생활 속의 다양한 법

## 중학생도 결혼할 수 있을까?

일기 쓴 사람: 이형은

○○월 ○○일 날씨: 맑음

오늘 텔레비전에서 사극 드라마를 보았다. 조선 시대가 배경인 드라마였는데, 주인공들이 혼례를 올리는 장면이 나왔다. 그런데 가만 보니 신랑과 신부의 나이가 각각 열여섯, 열다섯밖에 되지 않았다. 중학생 나이에 결혼을 하다니 이래도 되는 걸까?

인터넷에서 찾아보니 조선 시대에 남자는 보통 15세에서 20세 사이에 관례를 치렀다고 한다. 관례는 어른이 된다는 의미로 상투를 틀고 갓을 쓰게 하는 의례이다. 옛날에는 15세를 어른으로 생각해서 결혼도 당연히 할 수 있었던 것이다.

지금은 몇 살부터 결혼할 수 있을까? 나는 다시 열심히 인터넷에 검색해 봤다. 우리나라 민법에는 남녀 모두 18세 이상이어야 결혼할 수 있다고 적혀 있었다. 하지만 18세는 아직 미성년자라서 보호자의 동의가 필요하다고 한다. 옛날에는 더 어린 나이에도 결혼하는 일이 있었지만, 지금은 법으로 딱 정해져 있어서 미성년인 누나, 형들은 혼자서 결혼을 할 수 없다.

'민법'에 결혼할 수 있는 나이를 정해 놓았다니. 오늘도 새로운 사실을 배웠다!

## 질문하기

민법은 결혼 말고 또 어떤 것들을 다뤄?

 민법을 설명하기 전에 먼저 법의 종류부터 알아볼까? 법은 크게 '공법'과 '사법'으로 나누어져. **'공법'**은 국가에 세금을 납부하는 일, 국방의 의무를 지는 일, 죄에 따라 벌을 받는 일 등 국가와 개인 간의 공적인 생활 관계를 다루는 법이야. 공법에는 국가의 최고법인 '헌법'과 범죄의 종류와 형벌의 정도를 다루는 '형법' 등이 포함돼.

공법이 공적인 일을 다룬다면, 사법은 사적인 일을 다루는 거야?

 맞아! **'사법'**은 개인과 개인 사이의 사적인 관계를 다루는 법이야. 결혼은 개인과 개인이 만나 부부가 되는 일이지? 그래서 결혼과 관련된 법은 사법에 해당되고, 그중에서도 민법에 속해. 민법은 개인의 가족 관계와 재산 관계에 대해 다루는 법으로, 형은이의 일기에서 본 것처럼 결혼은 몇 살부터 할 수 있는지, 이혼을 하면 재산은 어떻게 나눌 건지 등의 내용이 담겨 있어.

사법에는 민법 말고 또 다른 법도 있어?

 응! 상법이 있어. 상법은 상인과 기업의 경제생활 관계를 다루는 법이야. 회사를 세울 때 조건은 무엇인지, 상거래는 어떻게 해야 하는지 등을 정하고 있어. 법은 우리 일상에 영향을 미치기 때문에 법의 종류에 대해 잘 알아 두면 좋아.

## 봄쌤의 어휘 특강

정말 다양한 종류의 법이 있네! 오늘 알게 된 내용을 잊어버리지 않도록 한 번 더 정리해 보자.

### 공법의 의미
- 개인과 국가 간, 또는 국가 기관 간의 공적인 생활 관계를 다루는 법.

### 공법의 종류

① 헌법
- 국민의 권리와 의무 및 국가 기관의 구성을 다루는 최고의 법.

② 형법
- 범죄의 종류와 그에 따른 형벌의 정도를 다루는 법.
- 범죄를 예방하고 안전한 사회를 위해 필요함.

### 사법의 의미
- 개인과 개인 간의 사적인 생활 관계를 다루는 법.

### 사법의 종류

① 민법
- 개인 간의 사적인 재산 관계나 가족 관계를 다루는 법.
- 결혼, 이혼, 상속, 부동산 매매 등을 다룸.

② 상법
- 상인과 기업의 경제생활 관계를 다루는 법.

 어휘에 대한 설명을 읽고 맞는 것은 O, 틀린 것은 X 표시해 봐.

1. 개인과 국가 간, 또는 국가 기관 간의 공적인 생활 관계를 다루는 법을 공법이라고 해.  ☐

2. 개인과 개인 간의 사적인 생활 관계를 다루는 법을 형법이라고 해.  ☐

 오늘 배운 어휘 중, 빈칸에 공통으로 들어갈 알맞는 어휘를 써 봐.

사법에는 ☐과 상법이 있어. ☐은 개인 간의 사적인 재산 관계나 가족 관계를 규정한 법이고, 상법은 상인과 기업의 경제생활 관계를 규정한 법이야.

☐

##  더 알아보기

### 우리나라 최초의 형법서 《흠흠신서》

조선 후기의 실학자 정약용이 1822년에 완성한 《흠흠신서》는 우리나라 최초의 형법서로 알려져 있어. 이 책에는 형벌에 대한 내용 외에도 중국과 조선에서 발생한 여러 사건과 그 처리 결과가 자세히 쓰여 있어. 또한 수사와 재판 과정의 문제점도 상세하게 적어 놓아서 형법을 다루는 관리들이 《흠흠신서》를 보며 배울 수 있도록 했지.

《흠흠신서》라는 제목에서 '흠'은 '삼가다'를 뜻해. '흠흠'은 '삼가고 또 삼가다'라는 의미지. 범죄를 다루고 형벌을 내리는 일은 자칫하면 누군가 억울하게 누명을 쓸 수도 있기 때문에, 정약용은 신중하고 조심스럽게 해야 한다는 뜻을 담아 이 제목을 붙였어.

정약용, 《흠흠신서》

교과 연계 ▶ 중1  11-2 생활 속의 다양한 법

# 10

✅ **핵심 어휘**  #사회법  #노동법  #사회 보장법  #경제법

## 치킨에 이물질이?

"한별아, 치킨 먹자!"

아빠가 배달 온 치킨을 식탁 위에 올려놓으며 말했어요.

"잘 먹겠습니다!"

한별이는 신이 나서 치킨 상자를 열었어요. 김이 모락모락 피어오르는 모습에 군침이 돌았지요. 치킨 조각을 하나 들어 크게 한입 베어 물 때였어요.

"아야!"

한별이가 갑자기 소리를 질렀어요. 놀란 아빠가 한별이의 입속을 살폈어요. 먹던 치킨을 뱉어 보니, 닭고기 사이에 쇳조각 같은 것이 들어 있지 뭐예요?

화가 난 아빠가 가게에 전화를 걸었어요. 그런데 사장님은 사과도 없이 어물거리며 넘어가려고만 했지요. 결국 한별이 아빠는 한국 소비자원에 치킨 가게를 신고했어요.

한국 소비자원은 소비자의 권리와 이익을 보호하기 위해 설립된 기관이에요. 물품의 사용으로 피해를 입었다면 이에 대한 적절한 보상을 받을 수 있지요. 만약 구입한 음식에 이상이 있다면 정확한 조사를 위해 당시의 상황을 잘 기록해야 해요. 사진을 찍고 밀폐 용기에 따로 보관한 뒤, 구매 사실을 증명할 수 있도록 영수증을 챙기면 좋아요.

얼마 후 다행히도 한별이와 아빠는 치킨집 사장님에게 진심 어린 사과와 함께 보상을 받을 수 있었어요.

## 질문하기

한별이의 이야기를 보면서 소비자도 법에 따라 보호받을 수 있다는 걸 알았어.

 맞아. 소비자를 비롯해 노동자, 장애인 등 사회적·경제적 약자는 '**사회법**'으로 보호받을 수 있어. 지난 시간에 법은 크게 공법과 사법으로 나뉜다고 배웠지? 사회법은 개인 간의 영역에 국가가 개입하기 때문에 공법과 사법의 중간에 속하는 법이라고 할 수 있어.

오, 그런 법이 있다니 신기해! 사회법은 어떻게 생겨난 거야?

 사회법은 노동자들을 보호하기 위해 처음 만들어졌어. 산업 혁명이 일어나면서 자본가들은 큰돈을 벌었지만, 노동자들은 여전히 열악한 환경에서 낮은 임금을 받으며 일했어. 그 결과 빈부 격차가 심해졌고, 회사와 노동자들 사이의 갈등도 깊어졌지. 이러한 사회 문제를 해결하기 위해 생겨난 것이 바로 사회법이야.

산업 혁명 시대의 어린 노동자들

그럼 사회법의 종류에는 무엇이 있어?

 사회법에는 노동법, 사회 보장법, 경제법 등이 있어. '**노동법**'은 근로자의 권리를 보호하기 위한 법이야. '**사회 보장법**'은 실업, 질병, 재해, 빈곤 등으로 어려움을 겪는 사람들을 지원하고 최소한의 인간다운 삶을 보장하는 법이지. 그리고 '**경제법**'은 기업 간의 공정하고 자유로운 경쟁을 보장하고, 소비자의 권리와 이익을 보호하는 법이야. 한별이가 보상을 받을 수 있었던 건 경제법 덕분이야.

## 봄쌤의 어휘 특강

공법과 사법의 중간에 속하는 사회법, 선생님이랑 함께 더 자세히 살펴볼까?

### 사회법의 의미
- 개인 간의 생활 영역에 국가가 개입하여 사회적·경제적 약자를 보호하기 위한 법.

### 사회법의 종류

**＊ 노동법**
- 근로 환경에서 발생하는 여러 문제를 해결하여 근로자의 권리를 보호하기 위한 법.
  예) 근로 기준법, 최저 임금법 등.

**＊ 사회 보장법**
- 실업, 질병, 재해, 빈곤 등으로 어려움을 겪고 있는 사람들을 도와주어 모든 국민에게 최소한의 인간다운 삶을 보장하기 위한 법.
  예) 국민 기초 생활 보장법, 국민 건강 보호법, 국민연금법 등.

**＊ 경제법**
- 기업 간의 공정하고 자유로운 경쟁을 보장하고, 소비자의 권리와 이익을 보호하기 위한 법.
  예) 독점 규제 및 공정 거래에 관한 법률, 소비자 기본법 등.

 어휘에 대한 설명을 읽고 알맞는 답에 O 표시해 봐.

1. 근로자의 권리를 보호하기 위한 법을 ( 노동법 / 사회 보장법 )이라고 해.
2. 실업, 질병, 재해 등으로 어려움을 겪는 사람들을 도와주고 인간다운 삶을 보장해 주는 법을 ( 사회 보장법 / 경제법 )이라고 해.

 다음 설명이 뜻하는 어휘를 빈칸에 적어 봐.

> 기업 간의 공정하고 자유로운 경쟁을 유지하고, 소비자의 권리와 이익을 보호하기 위한 법이야. 이 법의 예로는 독점 규제 및 공정 거래에 관한 법률, 소비자 기본법 등이 있어.

|  |
|---|

### 🔍 더 알아보기

**최소한의 인간다운 생활을 할 수 있게! '국민 기초 생활 보장법'**

사회 보장법의 대표적인 예로 '국민 기초 생활 보장법'이 있어. 1997년 외환 위기로 많은 국민이 생계에 어려움을 겪게 되자, 45개 시민 단체가 모여 법률 제정을 청원했어. 그리고 정부는 1999년에 국민 기초 생활 보장법을 제정했지.

1년 동안 준비 기간을 거쳐 2000년부터 '국민 기초 생활 보장 제도'가 시행되었고, 생활이 어려운 사람들이 기초 생활 수급자로 선정되어 생활비 외에도 교육비, 의료비 등을 지원받을 수 있었어. 국민 기초 생활 보장법은 단순히 돈을 주는 게 아니라, 모든 국민이 인간답게 살아갈 수 있도록 보장하는 데 목적을 두고 있어.

# 11  핵심 어휘  #형사 재판  #민사 재판

교과 연계 ▶ 중1  11-3 재판의 의미와 공정한 재판

## 모의재판 시나리오

 지금부터 모의재판을 시작하겠습니다. 검사님, 오늘 형사 재판의 기소 내용을 말씀해 주시기 바랍니다.

 네, 판사님. 피고인 김윤진은 피해자 이동근에게 지속적으로 '똥구리'라는 모욕적인 별명을 부른 혐의로 기소되었습니다. 이는 형법 제307조에 따른 명예훼손죄에 해당합니다.

 피해자의 의견을 듣도록 하겠습니다. 이 내용이 사실입니까?

 네, 김윤진은 친구들 앞에서 저를 '똥구리'라고 부르며 놀렸습니다. 저는 통통한 외모 때문에 '똥구리'라고 불리는 것이 너무 수치스럽습니다.

 피고인 김윤진은 혐의에 대해 인정하십니까?

 네. 동근이가 그 별명을 싫어한다는 걸 알면서도 계속 부른 것은 잘못된 행동이었습니다. 정말 죄송합니다.

 김윤진은 이동근의 외모를 비하하려는 목적은 없었습니다. 그리고 친구가 상처받았음을 알았고, 자신의 행동을 깊이 뉘우치며 반성하고 있습니다. 선처를 부탁드립니다.

 종합적으로 볼 때, 피고인 김윤진의 행위는 명예 훼손에 해당합니다. 피해자 이동근의 요청에도 지속적으로 모욕적인 별명을 사용한 것은 용납될 수 없습니다. 하지만 깊이 반성하는 점을 참작해 '방과 후 청소 봉사' 처분을 내립니다.

## 질문하기

모의재판인데 정말 흥미진진하다! 모의재판을 통해 재판 과정을 조금이나마 엿볼 수 있었어.

 나도 무척 흥미롭게 봤어. 모의재판에서는 김윤진이 이동근에게 모욕감을 줄 수 있는 별명을 부른 혐의로 형사 재판을 받았네. 이때 혐의란 범죄를 저질렀을 가능성을 뜻하는 말이야.

그런데 잠시만, 형사 재판이 뭐야?

 재판은 크게 형사 재판과 민사 재판으로 나뉘어. **'형사 재판'**은 폭행, 절도, 살인 등 범죄가 발생했을 때 죄가 있는지를 판단하고, 어떤 형벌을 내려야 하는지를 결정하는 재판이야. 검사가 국가 기관을 대표하여 범죄를 조사하고, 범죄 혐의가 있는 사람인 '피의자'에 대해 심판을 요구해. 형사 재판이 열리면 피의자는 '피고인'이라고 불리며, 피고인은 변호사의 도움을 받아 자신을 변호할 수 있어.

아하! 그게 형사 재판이구나. 그럼 민사 재판은 뭐야?

 **'민사 재판'**은 개인과 개인 사이의 분쟁을 해결하는 재판이야. 예를 들어 다른 사람에게 돈을 빌려주었는데 갚지 않는다면 민사 재판을 청구할 수 있어. 이때 법원에 민사 소송을 제기한 사람을 '원고', 소송을 당한 사람을 '피고'라고 해.

고마워. 용어의 뜻을 알고 모의재판을 다시 읽으면 더 잘 이해할 수 있겠다!

## 봄쌤의 어휘 특강

모의재판 과정이 무척 흥미롭네! 기회가 된다면 친구들과 함께 해 봐. 그럼 오늘 배운 재판의 의미와 종류에 대해 다시 정리해 볼까?

### 재판의 의미

**＊ 재판**
- 분쟁이 발생했을 때 법원이 법을 적용해 옳고 그름을 판결하는 과정.

### 재판의 종류

**＊ 형사 재판**
- 범죄의 유무를 판단하고 형벌의 정도를 결정하는 재판.
- 검사가 국가 기관을 대표해 법원에 심판을 청구하여 범죄 사실을 입증함.
- 범죄 혐의가 있는 사람을 '피의자'라고 하며, 재판에서는 '피고인'이라고 불림.

**＊ 민사 재판**
- 개인과 개인 사이에서 일어난 권리와 의무에 대한 분쟁을 해결하는 재판.
- 손해를 입은 사람이 법원에 소장을 제출해 재판을 요청할 수 있음.
  ↳ 소송을 하기 위해 법원에 서류를 내는 것.
- 민사 소송을 제기한 사람을 '원고', 소송을 당한 사람을 '피고'라고 함.

## 어휘 확인하기

 어휘에 알맞는 설명을 찾아 선으로 이어 봐.

원고 •   • 민사 소송을 제기한 사람을 말해.

피고 •   • 민사 소송을 당한 사람을 말해.

 오늘 배운 어휘 중 빈칸에 들어갈 알맞은 어휘를 써 봐.

(　　　　　)은 범죄의 유무를 판단하고 형벌을 결정하는 재판이야. 이 재판에서는 범죄의 혐의가 있는 사람을 '피의자'라고 불러.

## 더 알아보기

### 국민이 함께 판결해요! '국민 참여 재판'

우리나라는 2008년부터 국민이 형사 재판 과정에 배심원으로 참여하는 '국민 참여 재판' 제도를 시행하고 있어. 이때 배심원은 20세 이상의 대한민국 국민 중에서, 재판이 열리는 법원의 관할 구역 내에 사는 주민 등 일정 기준에 따라 추첨으로 선정돼.

선정된 배심원들은 재판에 참여하여 검사와 변호인의 주장을 듣고, 증거를 살펴보며 피고인이 유죄인지 무죄인지 의견을 나눠. 만약 유죄라고 결론이 나면 어떤 형벌을 내릴 것인지 의견을 제시해. 재판부는 이를 참고하여 최종적으로 판결을 내리지.

**12** ✅ **핵심 어휘** #인권 #천부 인권 #인권 감수성

교과 연계 ▶ 중1 　12-1 인권 보장과 기본권

## 살구색으로 칠해 주세요!

원빈이와 동생 예빈이는 놀이공원에 갔던 일을 스케치북에 그렸어요.

"내가 옷 색칠할게. 오빠가 얼굴 칠해 줘."

원빈이가 크레파스를 집으려던 때, 아빠가 똑똑 노크를 하며 방으로 들어왔어요.

"아빠, 예빈이랑 그림 그리고 있는데, 아빠도 같이 해요!"

원빈이의 부탁에 아빠도 크레파스를 들고 색칠하기 시작했어요.

"예빈아, 거기 살색 좀 줄래?"

"아빠, 살색이 뭐예요?"

"아, 맞다! 이제 살구색으로 바뀌었지. 예전엔 살색이라고 해서 헷갈렸구나."

예빈이와 원빈이는 살색이라는 단어가 생소했어요.

"혹시 우리 피부색이랑 비슷해서 살색이라고 했던 거예요?"

"맞아. 우리나라 사람들의 피부색과 비슷해서 살색이라고 했지. 그런데 살색은 우리랑 다른 피부색을 가진 사람들을 차별하는 말이나 다름없어. 그래서 2005년부터 살색은 살구색으로 바꾸어 말하고 있단다."

아빠의 설명을 들은 예빈이가 크레파스를 하나 집어 아빠에게 건넸어요.

"아빠, 살구색으로 칠해 주세요!"

아빠와 예빈이, 원빈이는 살구색과 흰색, 갈색 크레파스로 사람들 얼굴을 다양하게 색칠했어요. 모든 사람의 인권이 똑같이 존중받기를 바라는 마음을 담아서요.

## 질문하기

옛날에는 살구색이 아니라 살색이라고 했구나! 처음 알았어.

 맞아. 사람들의 피부색은 모두 다 다른데, '살색'은 그 다양함을 무시하는 표현이야. 2002년 국가 인권 위원회는 '살색'이라는 색 이름이 피부색을 차별할 수 있다는 진정을 받아들였고, 이후 '살색'은 '연주황(軟朱黃)'으로 불렸어. 하지만 이 이름도 어린이에게 어려운 한자어라는 지적이 나오면서, 어린이에 대한 차별이라는 의견이 제기됐어. 결국 2005년 '살구색'으로 바꾸면서, 아이들은 이제 피부색을 '살색'이 아닌 자신이 관찰한 다양한 색으로 표현할 수 있게 되었어.

그렇구나! 그런데 '인권'은 정확히 어떤 뜻이야?

 인간은 피부색뿐만 아니라 성별, 나이, 종교, 재산 등과 관계없이 존중받으며 평등하게 살아갈 권리가 있어. 이처럼 인간이라면 누구나 누려야 할 기본적인 권리를 **'인권'**이라고 해. 인권은 태어나면서부터 지닌 것으로, 누구도 빼앗을 수 없어. 그래서 하늘이 준 권리라는 뜻에서 **'천부 인권'**이라고도 해.

인권은 어떻게 보장받을 수 있어?

 다양한 법과 제도를 마련해 놓았지만, 여전히 일상에서 인종 차별, 개인 정보 유출 등 인권 침해가 끊이질 않고 있어. 따라서 우리의 소중한 인권을 지키기 위해서는, **'인권 감수성'**이 필요해. 인권 감수성이란 인권의 소중함을 알고 사소한 부분에서도 인권을 존중하려는 태도를 의미해.

이제부터 무심코 쓰는 말에 인권을 해치는 표현은 없는지 살펴볼 거야!

## 봄쌤의 어휘 특강

> 우리의 소중한 인권, 잘 지키기 위해 노력해야겠지? 선생님이랑 인권에 대해 차근차근 다시 한번 살펴보자.

### ✱ 인권
- 인간답게 살기 위해 마땅히 누려야 할 기본적인 권리.
- 성별, 나이, 종교, 재산, 피부색 등과 관계없이 존중받으며 평등하게 살아갈 권리.
- 자연적이면서 보편적인 권리.

### ✱ 천부 인권
- '인권은 태어나면서부터 하늘이 준 권리'라는 의미.
- 다른 사람이 빼앗을 수도 없고, 다른 사람에게 넘겨줄 수도 없음.

### ✱ 인권 감수성
- 인권의 소중함을 알고 사소한 부분에서도 인권을 고려하는 태도.
- 오늘날에도 인종 차별, 개인 정보 유출 등 국가나 개인에 의해 인권 침해가 계속되기 때문에 인권을 지키기 위해 인권 감수성을 높여야 함.

### ✱ 인권의 특성
- 보편성: 인종, 성별, 사회적 신분 등에 관계없이 모든 인간이 누리는 권리.
- 불가침성: 누구도 빼앗거나 무시할 수 없는 권리.
- 천부성: 사람이면 누구나 가지고 태어나는 권리.
- 항구성: 시간이나 상황이 변해도 영원히 보장되는 권리.

## 어휘 확인하기

 어휘에 대한 설명을 읽고 맞는 것은 O, 틀린 것은 X 표시해 봐.

1. 소중한 인권을 잘 지키기 위해서는 인권 감수성을 키워야 해. ☐

2. 천부 인권은 국가가 부여하는 권리이기 때문에 국가에 의해 엄격하게 통제되어야 해. ☐

 다음 설명을 잘 읽고, 빈칸에 들어갈 어휘를 써 봐.

> ☐ 은 태어나면서부터 가지고 있는 권리로, 누구에게도 넘겨주거나 빼앗길 수 없는, 아주 소중한 권리야.

☐

## 더 알아보기

### 국가 인권 위원회를 소개합니다

국가 인권 위원회는 어떤 국가 기관에도 소속되지 않은 독립된 기구로, 모든 사람의 존엄과 평등, 자유가 보장되는 인권 사회를 실현하기 위해 설립되었어. 만약 인권을 침해받는 일을 목격하거나 겪게 된다면 국가 인권 위원회에 알려 소중한 인권을 지킬 수 있어.

국가 인권 위원회는 인권 침해 문제를 면밀히 조사하고, 문제가 있는 경우에는 권고의 방식으로 피해자를 구제해. 이때 권고란 어떤 일을 하도록 권하는 것을 의미해.

앞서 살펴본 '살색'의 경우에도 국가 인권 위원회의 권고에 따라 '연주황'으로 바뀌었고, 이어 '살구색'으로 바뀌었지.

서울특별시 중구에 위치한 국가 인권 위원회

# 13 핵심 어휘 #평등권 #자유권 #참정권 #청구권 #사회권

교과 연계 ▶ 중1  12-1 인권 보장과 기본권

## '노 키즈 존'이 기본권을 침해한다고?

만 12세 미만 입장 제한

최근 노 키즈 존을 하는 식당, 카페 등이 늘고 있습니다. 노 키즈 존(No Kids Zone)은 '어린이 금지 구역'이라는 뜻으로, 어린이의 입장을 금지하는 가게를 가리키는 말입니다.

노 키즈 존은 2010년대에 확산되기 시작했습니다. 지난 2011년, 부산의 한 음식점에서 뜨거운 물을 들고 가던 종업원과 10세 어린이가 부딪혀 어린이가 화상을 입은 일이 계기였습니다. 법적 다툼 끝에 법원은 "종업원이 주의를 기울이지 못했고 직원 안전 교육이 부족했다."라며 해당 식당 주인과 종업원에게 4100만 원을 배상하라는 판결을 내렸습니다. 매장에서 발생한 안전사고의 책임이 가게 주인에게 있다는 법원의 판결 이후 노 키즈 존은 점차 늘어났습니다.

노 키즈 존은 아동이라는 특정한 연령대를 차별한다는 점에서 기본권을 침해합니다. 모든 사람은 동등하게 대우받고 차별받지 않을 권리인 '평등권'이 있습니다. 나이가 어리다는 이유로 차별받는 것은 국민의 기본권인 평등권을 침해하는 일입니다.

그러나 노 키즈 존을 찬성하는 입장에서는 식당 주인이 자신의 식당을 어떻게 운영할지 결정할 '자유권'이 보장되어야 한다고 주장합니다.

노 키즈 존을 둘러싸고 아동의 평등권과 식당 주인의 자유권 사이에 여전히 갈등이 존재합니다. 여러분은 누구의 손을 들어 주시겠습니까? 지금까지 아울뉴스 차지민 기자였습니다.

## 질문하기

나이 때문에 식당을 이용할 수 없다니, 너무해!

 어린이의 출입을 제한하는 노 키즈 존이 늘어나면서 사회적으로 문제가 되고 있어. 인권 중에서 헌법에 의해 보장되는 권리를 기본권이라고 하는데, 기본권에는 평등권, 자유권, 참정권, 청구권, 사회권이 있어.
'**평등권**'은 모든 국민이 차별받지 않고 동등하게 대우받을 권리이고, '**자유권**'은 국가 권력의 간섭을 받지 않고 자유롭게 생활할 수 있는 권리야. '**참정권**'은 국가의 의사 결정에 참여할 수 있는 권리, '**청구권**'은 기본권이 침해되었을 때 국가에 대해 일정한 행위를 요구할 수 있는 권리야. '**사회권**'은 국가에게 인간다운 생활을 요구할 수 있는 권리를 말해.

노 키즈 존은 어린이의 평등권을 침해하는 거네.

 맞아. 하지만 노 키즈 존 문제는 간단하게 해결할 수 없어. 만약 국가가 노 키즈 존을 없애라고 한다면 식당 주인의 자유권을 침해하는 셈이거든. 이렇게 서로 다른 기본권이 충돌할 때는, 이익이 더 큰 쪽을 보호해야 한다는 주장도 있고, 서로 조화를 이루도록 해야 한다는 의견도 있어.

그럼, 기본권은 어떠한 이유로도 제한할 수 없어?

 그렇지는 않아. 우리나라 헌법은 국가 안전 보장, 질서 유지, 공공복리를 위해서 법률로써 국가가 국민의 기본권을 제한할 수 있다고 규정하고 있어. 하지만 기본권을 제한하더라도 자유와 권리의 본질적인 내용은 침해해서는 안 돼.

## 봄쌤의 어휘 특강

'노 키즈 존' 사례를 통해 기본권에 대해 알게 되었네! 그럼 선생님이랑 같이 오늘 배운 내용을 정리해 볼까?

### 기본권의 의미
- 헌법에 규정하여 보장되는 인권.

### 기본권의 종류

*** 평등권**
- 모든 국민이 차별받지 않고 동등하게 대우받을 권리.
  - 예) 성별, 종교, 신분 등에 의해 차별받지 않을 권리 등.

*** 자유권**
- 국가 권력의 간섭을 받지 않고 자유롭게 생활할 수 있는 권리.
  - 예) 신체의 자유, 사생활의 자유, 표현의 자유 등.

*** 참정권**
- 국가의 의사 결정에 참여할 수 있는 권리.
  - 예) 선거권, 공무 담임권, 국민 투표권 등.
    - → 국민이 공무원이 될 수 있는 권리.

*** 청구권**
- 기본권이 침해되었을 때 국가에 대하여 일정한 행위를 요구할 수 있는 권리.
  - 예) 청원권, 재판 청구권, 국가 배상 청구권 등.

*** 사회권**
- 국가에 대해 인간다운 생활의 보장을 요구할 수 있는 권리.
  - 예) 교육권, 환경권, 근로권 등.

 어휘에 대한 설명을 읽고 알맞은 것에 O 표시해 봐.

1. ( 평등권 / 청구권 )은 모든 국민이 차별받지 않고 동등하게 대우받을 권리를 말해.
2. 신체의 자유, 사생활의 자유, 표현의 자유, 경제 활동의 자유 등 모든 국민은 국가 권력의 간섭을 받지 않고 자유롭게 생활할 수 있는 ( 자유권 / 참정권 )이 있어.

 다음 설명이 뜻하는 어휘를 빈칸에 적어 봐.

> 국민이 국가에 대해 인간다운 생활의 보장을 요구할 수 있는 적극적인 권리를 말해. 이 권리의 예로는 교육받을 권리, 쾌적한 환경에서 살 권리, 근로의 권리 등이 있어.

## 더 알아보기

### 코로나19 때문에 기본권이 제한되었다고?

민주주의 국가에서는 헌법을 통해 국민의 기본권을 보장하고 있어. 하지만 공공의 건강과 안전을 보호하기 위해서 국가가 기본권을 제한하는 경우도 있는데, 바로 코로나19가 그 대표적인 사례야.

코로나19가 전 세계적으로 유행하자, 각국 정부는 감염병의 확산을 막기 위해 다양한 조치를 시행했어. 사람들은 외출할 때 반드시 마스크를 착용해야 했고, 자영업자들은 영업시간을 줄이거나 아예 영업을 할 수 없게 되었지. 이러한 조치는 공공의 건강을 지키기 위한 것이었지만, 결과적으로 개인의 기본권을 제한했어. 많은 자영업자가 생계에 큰 타격을 입었고, 사람들은 자유롭게 다닐 수 없어 한동안은 불편함을 참아야 했지.

교과 연계 ▶ 중1 12-3 근로자의 권리

# 14

☑ **핵심 어휘** #근로 기준법 #최저 임금제

## 일제 강점기 최초의 여성 노동 운동가, 강주룡

강주룡은 1901년에 평안북도 강계에서 태어났고, 20세 때 남편을 만나 혼인했어요. 그런데 독립운동을 하던 남편이 병으로 세상을 떠나면서 강주룡은 젊은 나이에 가장이 되었지요.

강주룡은 돈을 벌기 위해 평양에 있는 평원 고무 공장에 취직했어요. 당시 공장의 노동 환경은 무척 열악했는데, 노동자들은 낮은 임금을 받으며 매일 10시간 넘게 고된 일을 했지요. 그런데 공장 측에서 일방적으로 임금을 깎겠다고 통보하는 게 아니겠어요?

강주룡은 사람들에게 공장의 횡포를 알려야겠다고 마음먹고 평양에서 유명한 유적지인 을밀대로 향했어요. 강주룡은 을밀대 지붕에 올라가 "나는 평원 고무 사장이 이 앞에 와서 임금 삭감 선언을 취소하기 전까지는 결코 내려가지 않겠다."라고 크게 외쳤어요. 이 모습을 본 일본 경찰들은 강주룡을 강제로 끌고 내려왔지요.

강주룡은 평양 경찰서에서 단식 투쟁을 이어 가며 뜻을 굽히지 않았어요. 결국 평원 고무 공장은 여공들의 임금을 깎겠다고 한 말을 취소했어요. 하지만 강주룡은 해고되었고, 사회주의 노동 운동을 했다는 이유로 감옥에 수감됐지요.

이후 건강이 악화된 강주룡은 감옥에서 풀려났지만, 병세가 나빠져 1931년에 생을 마감하고 말았어요. 강주룡은 일찍 세상을 떠났지만, 그녀의 투쟁은 노동자의 권리에 대한 인식을 한층 높여 주었어요.

## 질문하기

노동자의 권리를 위해 투쟁한 강주룡은 정말 대단한 것 같아!

 맞아. 강주룡과 같은 노동 운동가들의 노력이 있었기에 현재 근로의 권리를 보장받을 수 있게 된 거야. 대한민국 헌법에서는 모든 국민은 근로의 권리가 있고, 국가는 이를 보장할 책임이 있다고 명시하고 있어. 대표적으로 '**근로 기준법**'에 따라 근로의 권리를 보장하고 있지.

근로 기준법? 근로에 기준이 있다는 뜻인가?

 맞아. 근로자가 하루에 몇 시간 동안 일할 수 있는지, 임금은 최소한 얼마를 받아야 하는지, 휴식 시간은 얼마나 주어져야 하는지 등 근로 조건의 최저 기준을 법으로 정해 놓은 게 바로 근로 기준법이야. 근로자를 고용하여 임금을 주는 사람인 사용자는 반드시 근로 기준법에 따라 근로자를 대우해야 해.

근로의 권리와 관련된 법에는 또 뭐가 있어?

 근로자의 생활 안정을 위해 임금의 최저 수준을 보장해 주는 '**최저 임금제**'가 있어. 최저 임금제는 임금이 낮은 근로자를 보호하기 위해 만들어졌는데, 이 제도에 따라 사용자는 법으로 정해진 최저 임금 이상의 임금을 근로자에게 지급해야 해. 매년 3~6월에 최저 임금이 결정되는데, 2025년 기준으로 시간당 최저 임금은 10030원이야.

## 봄쌤의 어휘 특강

이번 기회에 근로자의 권리에 대해 잘 알아 두면 좋겠지? 선생님이랑 같이 오늘 배운 개념을 다시 한번 살펴볼까?

### 근로자의 권리

**★ 근로 기준법**
- 헌법에 의해 근로 조건의 최저 기준을 정해 놓은 법률.
- 근로자의 기본적인 생활을 보장하고 균형 있는 국민 경제의 발전을 목적으로 함.
  ↳ 임금을 받고 사용자에게 노동력을 제공하는 사람.
   사용자는 노동을 제공하는 사람에게 임금을 지급하는 사람.

**★ 근로 기준법에서 정하고 있는 근로 조건**
- 이유 없이 근로자에게 해고, 휴직, 감봉 등을 할 수 없음.
  ↳ 임금을 줄이는 것.
- 임금은 매달 1회 이상, 정해진 날짜에 본인에게 직접 현금으로 주어야 함.
- 휴식 시간을 제외하고 1일 8시간, 1주 40시간을 초과할 수 없음.

**★ 최저 임금제**
- 국가가 근로자의 생활 안정을 위해 임금의 최저 수준을 정해 놓은 제도.
- 최저 임금보다 적은 임금을 주기로 한 계약은 그 부분에 한하여 무효임.
- 2025년 기준, 시간당 최저 임금은 10030원임.

## 어휘 확인하기

 어휘에 알맞은 설명을 찾아 선으로 이어 봐.

근로 기준법 • • 임금을 받고 자신의 노동력을 사용자에게 제공하는 사람을 뜻해.

근로자 • • 헌법에 의해 근로 조건의 최저 기준을 정해 놓은 법률이야.

 오늘 배운 어휘 중 빈칸에 들어갈 알맞은 어휘를 써 봐.

임금이 낮은 근로자를 보호하기 위해 국가에서 법으로 임금의 최저 수준을 정해 놓은 것을 ( )라고 해. 이 제도를 통해 근로자는 생활을 보장받을 수 있어.

## 더 알아보기

### 헌법으로 보장받는 '노동 3권'

대한민국 헌법은 상대적 약자인 근로자가 사용자와 비슷한 위치에서 근로 조건을 협의하고 결정할 수 있도록 '노동 3권'을 보장하고 있어. 바로 단결권, 단체 교섭권, 단체 행동권이지.

'단결권'은 근로자가 사용자와 근로 조건을 협의하기 위해 단체를 결성할 수 있는 권리야. 이러한 단체를 흔히 '노동조합' 또는 '노조'라고 불러. 근로자는 노동조합을 통해 사용자와 근로 조건에 대하여 협의할 수 있는 '단체 교섭권'이 있어. 만약 협의가 실패했다면 근로자는 시위, 파업 등 집단행동을 통해 목소리를 낼 수 있어. 이러한 권리를 '단체 행동권'이라고 해.

교과 연계 ▶ 중2  1-1 행정부와 대통령

# 15

✅ **핵심 어휘** #대통령제 #법률안 거부권

## 마크와 함께하는 특별한 하루!

여름 방학을 맞아 사촌 마크가 한국에 놀러 왔다. 마크는 영국에 살아서 나와는 자주 만나지 못하지만, 볼 때마다 정말 반갑다.

"서연! 뉴스에서 봤는데 이제 청와대에 들어갈 수 있다며? 나 거기 가고 싶어!"

우리 집에 도착해 가방을 내려놓자마자 마크가 신이 나 말했다.

"어떻게 알았어? 이제 우리도 들어갈 수 있게 됐어."

"그럼 나도 갈 수 있어?"

"음, 그건 한번 찾아봐야겠다."

나는 얼른 청와대 관람 방법을 검색해 봤다. 외국인인 마크는 현장에서 입장 신청을 할 수 있었다. 우리는 내일 아침 일찍 청와대에 가기로 약속했다.

"대통령이 살았던 건물이라니, 멋지다!"

"안에는 잉어가 사는 연못도 있대."

"대통령이 평소에 산책했던 공원도 들어가 볼 수 있나 봐. 어, 그런데…."

갑자기 고개를 갸우뚱하던 마크가 물었다.

"총리가 있는 영국이랑 대통령이 있는 대한민국이랑 뭐가 다른 거지?"

마크의 질문에 나도 궁금해졌다. 영국에서는 총리가 나라의 대표로 일하는데, 우리나라의 대통령과 어떤 점이 다를까?

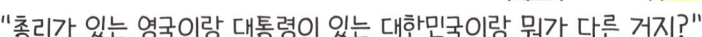

※ 대통령이 청와대로 복귀하기로 하면서, 현재는 청와대 관람이 금지되었어요. (2025년 8월 기준)

## 질문하기

영국이랑 다르게 우리나라는 대통령이 나라를 운영하는 거지?

 대부분의 민주주의 국가에서는 권력의 남용을 막기 위해 국가 기관을 입법부, 행정부, 사법부로 나누어 운영해. 그리고 입법부와 행정부가 어떤 관계를 맺고 있느냐에 따라 정부 형태가 달라지지.
'**대통령제**'는 법률을 만드는 입법부와 국가의 행정을 맡는 행정부가 엄격하게 분리된 형태라고 한다면, 의원 내각제는 의회 다수당이 내각, 즉 행정부를 구성해. 영국은 총리가 행정부 수반으로서 국가를 이끄는 의원 내각제라는 '정부 형태'로 운영되고 있어.

대통령제는 어떤 특징이 있어?

 대통령제에서는 국민이 선거를 통해 대통령과 국회 의원을 각각 뽑아. 행정부와 입법부가 분리되어 있어서 국회 의원은 장관을 할 수 없지. 그런데 우리나라는 예외적으로 의원이 장관을 맡을 수 있고, 행정부가 법률안을 국회에 제출할 수도 있어.

그런데 입법부가 법을 만들자고 하면, 무조건 만들어야 하는 거야?

 그건 아니야. 대통령에게는 법률안 거부권이 있거든. 입법부, 즉 의회에서 의결한 법률안에 대해 대통령은 공포하지 않을 수 있는데, 이를 '**법률안 거부권**'이라고 해. 대통령은 법률안 거부권을 행사해서 무분별하게 법이 제정되는 것을 막고, 의회를 견제할 수 있어.

## 봄쌤의 어휘 특강

오늘은 대통령제에 대해서 배웠네!
그럼 선생님이랑 같이 오늘 알게 된 내용을
다시 한번 정리해 볼까?

### 대통령제의 의미

**★ 대통령제란**
- 입법부와 행정부가 엄격하게 분리된 정부 형태.

### 대통령제의 특징
- 선거를 통해 입법부, 즉 의회를 구성하는 국회 의원과 대통령을 각각 선출함.
  ↳ 대한민국 의회를 국회라 함.
- 전형적인 대통령제에서 국회 의원은 장관을 같이 할 수 없고 행정부는 의회에 법률안을 제출할 수 없음.

**★ 법률안 거부권**
- 의회에서 의결한 법률안을 대통령이 공포를 보류하거나 재의를 요구함으로써
  ↳ 의논하여 결정한 것.    ↳ 일반 대중에게 널리 알림.
  거부할 수 있는 권리.
- 대통령이 의회를 견제하는 기능을 함.

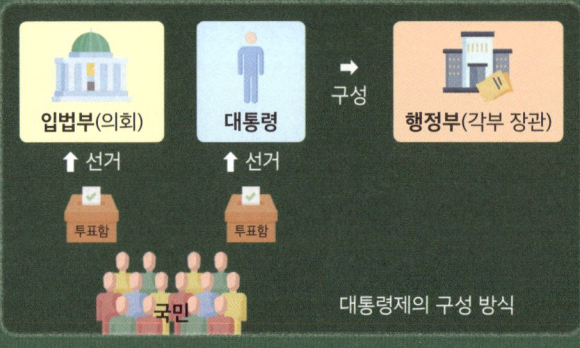

대통령제의 구성 방식

### 어휘 확인하기

 어휘에 대한 설명을 읽고 맞는 것은 O, 틀린 것은 X 표시해 봐.

1. 대통령제는 입법부와 행정부가 명확하게 분리된 정부 형태를 말해. ☐

2. 대통령제에서는 대통령만 국민이 선거로 뽑고, 국회 의원은 선거를 하지 않고 대통령이 알아서 임명해. ☐

 다음 설명을 잘 읽고, 빈칸에 공통으로 들어갈 어휘를 써 봐.

☐ 은 의회에서 의결한 법률안에 대해 대통령이 공포하지 않거나 재의를 요구함으로써 거부할 수 있는 권리를 말해. 대통령은 ☐ 으로 법이 무분별하게 만들어지는 것을 막고 의회를 견제할 수 있어.

☐

### 더 알아보기

**대통령제를 처음 채택한 국가는 어디일까?**

대통령제가 시작된 국가는 미국이야. 미국은 1787년에 만들어진 헌법을 통해 대통령제를 도입했어. 미국의 초대 대통령은 조지 워싱턴으로, 그는 1797년까지 두 번의 임기를 수행했지. 현재 미국의 수도인 워싱턴 D.C의 이름은 그의 이름을 따서 지어졌다고 해.

미국의 대통령제는 우리나라와 조금 달라. 우리나라 대통령의 임기는 5년이고, 그 이후에는 다시는 대통령이 될 수 없어. 하지만 미국 대통령은 4년간의 임기를 마친 뒤에도 다시 대통령 선거에 출마할 수 있어.

이렇게 같은 대통령제를 채택해도, 국가마다 운영 방식은 조금씩 다를 수 있는 거지.

재선에 성공한 도널드 트럼프 미국 대통령

# 16

✅ **핵심 어휘**  #의원 내각제  #내각 불신임권  #의회 해산권

교과 연계 ▶ 중2  1-1 행정부와 대통령

## 영국 웨스터민스터 가이드 투어

오늘 여행할 곳은 런던의 템스강 근처에 있는 웨스터민스터 궁전입니다. 이곳은 영국의 정치적 중심지로, 의회 민주주의가 이뤄지는 공간입니다.

영국 런던에 위치한 웨스터민스터 궁전

11세기경에 세워진 이 건물은 원래 왕이 거주하던 공간이었습니다. 그런데 왕이 거처를 옮기면서 의회가 열리는 장소로 사용되기 시작했습니다. 그러다 1834년, 화재로 궁전이 불에 타 대부분 없어지고, 서쪽에 있는 홀만 남게 되었죠. 이후 웨스터민스터 궁전은 재건축을 시작하여 1870년대에 이르러서야 오늘날 우리가 아는 모습으로 완공됩니다.

웨스터민스터 궁전은 가로 길이가 무려 265m이고, 내부에는 방이 1000여 개가 있으며 복도의 길이는 3.2km에 이른다고 해요.

또한 북쪽에는 하원 의사당과 시계탑 빅 벤이, 남쪽에는 상원 의사당과 이 궁전에서 가장 높은 탑인 빅토리아 타워가 있습니다. 하원 의사당 바닥에 깔린 초록색 양탄자에는 양쪽으로 붉은 선이 그어져 있는데, 충돌을 막기 위해 회의 중에는 이 선을 절대 넘으면 안 된다고 합니다.

영국의 정부 형태는 의원 내각제입니다. 내각은 총리와 여러 장관들로 구성되어 있으며, 총리는 정책 방향을 결정하고 내각 회의를 이끌지요. 웨스터민스터 궁전은 이런 영국의 민주주의를 대표하는 상징적인 건물입니다.

## 질문하기

웨스트민스터 궁전, 진짜 멋지다. 저곳에서 의회가 열리는 거야?

 맞아. 웨스트민스터 궁전에서 의회가 열리며 상원과 하원이 각각 회의를 진행해. 영국은 '**의원 내각제**'를 시행하는 대표적인 국가야. 국민이 선거로 의회의 의원을 선출하면, 가장 많은 의원이 나온 정당의 대표가 총리가 되지. 이렇게 뽑힌 총리와 의원들을 중심으로 행정부인 내각을 구성하는 정치 체제를 의원 내각제라고 해.

의원 내각제는 어떤 특징이 있어?

 의회 의원은 내각의 장관도 맡기 때문에 의회와 내각은 매우 밀접한 관계를 맺고 있어. 그래서 빠르고 효율적인 정책 집행이 가능하지. 또한 의회에서 지지를 얻지 못하면 내각이 해체될 수 있어서, 정부는 국민의 목소리를 반영하기 위해 노력하는 편이야.

헉! 의회에서 내각을 해체할 수 있다고?

 응. 만약 내각이 나랏일을 제대로 운영하지 못한다면 그 책임을 물어 총리나 장관 등 내각 구성원들에게 자리에서 물러나라고 요구할 수 있어. 이러한 권리를 '**내각 불신임권**'이라고 해. 반대로 의회가 일을 못할 수도 있겠지? 이때는 내각에서 '**의회 해산권**'을 통해 의회를 해산할 수 있어. 의회가 해산되면 선거를 다시 해서 새로운 의회를 구성해.

### 봄쌤의 어휘 특강

의원 내각제에서는 의회와 내각이 서로 견제하며 균형을 이루는구나! 아래 칠판에서 의원 내각제에 대해 자세히 살펴보자.

### 의원 내각제의 의미

**★ 의원 내각제**
- 입법부인 의회와 행정부인 내각이 밀접하게 연결된 정부 형태.

### 의원 내각제의 특징
- 의회의 의원들이 내각의 장관을 맡을 수 있음.
- 내각은 법률안을 제출할 수 있음.
- 국민이 선거로 의회의 의원을 뽑고, 의회의 다수를 차지한 정당의 대표가 총리가 됨.

**★ 내각 불신임권**
- 내각이 정치를 잘못하면 의회가 내각 구성원들에게 자리에서 물러날 것을 요구할 수 있는 권한.

**★ 의회 해산권**
- 내각이 임기 만료 전 의회를 해산할 수 있는 권한.
- 의회가 해산되면 선거를 실시해서 새로운 의회를 구성함.

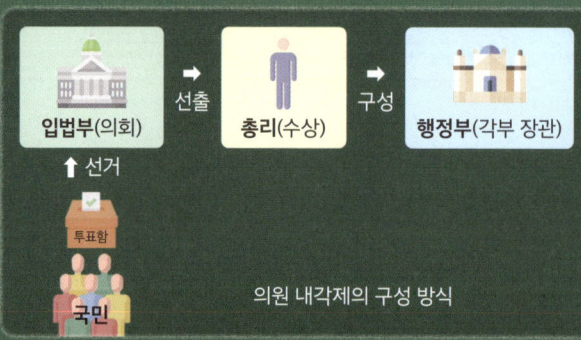

의원 내각제의 구성 방식

## 어휘 확인하기

 어휘에 대한 설명을 읽고 알맞은 것에 O 표시해 봐.

1. 의원 내각제에서는 ( 입법부 / 사법부 )와 행정부가 밀접한 관계를 맺고 있어.
2. 내각이 나랏일을 제대로 하지 못하면 그 책임을 물어 내각 구성원들을 자리에서 물러나게 할 수 있는데 이를 ( 내각 불신임권 / 의회 해산권 )이라고 해.

 다음 설명이 뜻하는 어휘를 빈칸에 적어 봐.

> 의원 내각제에서 내각은 이 권한으로 임기 만료 전 의회를 해산시킬 수 있어. 의회가 해산되면 다시 선거를 실시하여 새로운 의회를 구성해.

## 🔍 더 알아보기

### 의원 내각제에서 왕은 어떤 역할을 할까?

의원 내각제를 채택한 국가를 살펴보면 왕이 존재하는 경우가 많아. 이 체제의 나라들은 대개 왕이 제한된 권력으로 다스리는 입헌 군주제를 하고 있어. 영국을 비롯해 일본, 네덜란드, 벨기에 등이 대표적이지.

입헌 군주제에서 왕은 국가를 대표하는 상징적인 존재야. 실제 정치 권력은 총리와 내각이 가지고 있고, 왕은 법안에 서명하여 국민에게 널리 알리는 역할을 해. 또한 국가의 주요 행사와 기념일에 참석하여 전통문화를 지키고, 국가를 대표하여 다른 나라의 대통령과 만나기도 하지. 이렇게 왕은 주로 상징적인 역할을 하며 국가의 위상을 드높여.

찰스 3세 영국 국왕

# 17

✅ **핵심 어휘**  #국무총리  #국무 회의  #감사원

교과 연계 ▶ 중2   1-1 행정부와 대통령

## 국무총리가 뽑히다!

"다음 소식입니다. 이번에 새롭게 임명된 김○○ 국무총리가 오늘 오전 대통령과 집무실에서 처음으로 면담을 하였는데요. 김○○ 국무총리는 앞으로 국민을 위해…."

소파에 앉아 사과를 먹던 수빈이가 귀를 쫑긋 세웠어요. 고개를 들어 텔레비전을 보니 정장을 입은 아저씨가 카메라를 향해 가볍게 고개를 숙이며 인사하고 있었어요.

"엄마, 저 아저씨는 누구예요?"

"아, 저분은 이번에 새롭게 뽑힌 국무총리야."

엄마가 수빈이의 질문에 친절하게 답해 주었어요. 국무총리와 대통령이 악수를 나누는 모습을 보며, 수빈이는 문득 궁금한 게 생겼어요.

"그럼 국무총리는 누가 뽑는 거예요?"

엄마는 호기심이 많은 수빈이가 귀여운지 빙긋 웃었어요.

"대통령이 국무총리가 되었으면 하는 사람을 후보로 정하면, 국회에서 그 사람이 정말 국무총리에 적합한 사람인지 살펴본단다. 그리고 전체 국회 의원의 과반수가 찬성하면 국무총리가 될 수 있어."

"와, 국무총리가 되는 건 정말 어렵구나…."

수빈이는 국무총리 아저씨를 유심히 살펴보았어요. 어렵게 뽑힌 만큼 대통령을 도와 열심히 일해 주길 바라면서요.

## 질문하기

국무총리를 임명하려면 국회의 동의가 있어야 하는 거야?

 맞아. **'국무총리'**는 행정부의 최고 책임자인 대통령이 국회의 동의를 얻어 임명해. 대통령의 명을 받아 행정 각부를 지휘하는 중요한 역할을 하고, 대통령이 자리를 비울 경우 그 권한을 대신 행하기도 해. 또한 국무총리는 대통령과 함께 국무 회의에 참석하지.

국무 회의? 그게 뭐야?

 **'국무 회의'**는 나라의 중요한 정책에 대해 논의하는 행정부의 최고 심의 기관으로, 대통령과 국무총리, 국무 위원이 참석해. 교육부 장관, 국방부 장관 등이 국무 위원이 되는데, 국무총리와 함께 대통령을 보좌해.

### 우리나라의 정부 조직도

```
        대통령
감사원 ─┤
        국무총리
```
(2025년 8월 기준)

| | | | | |
|---|---|---|---|---|
| 기획재정부 | 교육부 | 과학기술정보통신부 | 외교부 | 통일부 |
| 법무부 | 국방부 | 행정안전부 | 국가보훈부 | 문화체육관광부 |
| 농림축산식품부 | 산업통상자원부 | 보건복지부 | 환경부 | 고용노동부 |
| 여성가족부 | 국토교통부 | 해양수산부 | 중소벤처기업부 | |

앗, 그런데 네가 보여 준 표에 '감사원'이라는 조직이 있네.

 **'감사원'**은 조직상으로 대통령 직속이지만, 업무상으로는 지위가 독립된 기관이야. 감사원에서는 국민이 낸 세금이 올바른 곳에 쓰이는지 감사하고, 행정 기관과 공무원이 직무를 바르게 수행하는지 감찰해.

## 봄쌤의 어휘 특강

이번 시간에는 행정부의 조직에 대해서 배웠네. 오늘 배운 내용을 잊지 않도록 선생님이랑 다시 정리해 볼까?

### 행정부의 조직과 역할

**★ 국무총리**
- 대통령을 도와 행정 각부를 총괄하는 사람.
- 대통령이 자리를 비울 경우, 대통령의 권한을 대신 행사함.
- 국회의 동의를 받아 대통령이 임명함.

**★ 국무 회의**
- 행정부의 최고 심의 기관으로 국가의 중요한 정책에 대해 논의함.
  ↳ 심사하고 토의함.
- 대통령, 국무총리, 국무 위원이 참석함.
  ↳ 대통령을 보좌하는 이들로, 행정부 각부 장관도 국무 위원임.
- 대통령을 의장, 국무총리를 부의장으로 함.

**★ 감사원**
- 대통령 직속 기관이자 행정부 최고 감사 기관.
- 업무상으로는 지위가 독립됨.
- 세금이 제대로 쓰이는지 감사하고, 행정 기관과 공무원이 직무를 바르게 수행하는지 감찰함.
  ↳ 단체의 규율과 구성원의 행동을 감독하여 살핌.

## 어휘 확인하기

 어휘에 알맞는 설명을 찾아 선으로 이어 봐.

국무 회의 •  • 대통령을 도와 행정 각부를 총괄하고 대통령이 공석일 경우 권한을 대행해.

국무총리 •  • 행정부의 최고 심의 기관으로, 국가의 중요한 정책을 논의해.

 오늘 배운 어휘 중 빈칸에 들어갈 알맞은 어휘를 써 봐.

(　　　　　)은 대통령 직속 기관이지만 업무상으로는 지위가 독립된 기관으로, 행정 기관과 공무원이 직무를 제대로 수행하는지 조사하는 역할을 해.

## 더 알아보기

### 조선 시대 감사원, '암행어사'

'암행어사'에 대해 들어 본 적 있니? 《춘향전》에 나오는 이몽룡도 암행어사였어. "암행어사 출두요!" 소리와 함께 이몽룡이 나타나 부정부패를 일삼던 사또 변학도를 처벌하고, 옥에 갇혀 있던 춘향이를 구해 주었지.

암행어사는 왕의 명령을 받고 비밀리에 파견되어 각 고을의 관리들이 일을 잘하고 있는지 살피고, 백성들의 사정을 조사하는 일을 했어. 오늘날로 따지면 감사원과 같은 역할을 한 셈이야. 마패는 원래 관리들이 지방으로 갈 때 나라의 말을 이용할 수 있는 증표였는데, 암행어사가 신분을 증명하는 수단으로도 사용했다고 해. 마패를 들고 사람들 앞에 깜짝 나타나는 암행어사, 상상만으로도 정말 멋있지?

암행어사가 사용한 마패

# 18 ✅ 핵심 어휘 #국회 #입법

교과 연계 ▶ 중2 1-2 국회

## 국회 의사당에 로보트가?

오늘은 아빠와 함께 국회 의사당에 가는 날이다. 서울 여의도에 있는 국회 의사당에 도착하자, 푸른색 지붕이 제일 먼저 눈에 띄었다.

"재인아, 저 둥근 지붕 보여? 저 지붕은 서로 다른 의견들이 원처럼 하나로 모아진다는 의미를 담고 있대."

"우아, 신기해요!"

"그리고 24개의 기둥이 지붕을 받치고 있는데, 이 숫자는 24절기를 의미해. 24절기란 일 년을 스물넷으로 나누어 계절을 자세히 구분한 거야. 24절기 내내 국민을 생각하라는 깊은 뜻이 기둥에 숨어 있는 셈이지. 그리고 사실은…."

아빠가 장난스러운 미소를 지으며 덧붙였다.

"우리나라에 위기가 생기면 저 돔이 열리면서 로보트가 출동한단다."

"에이, 안 믿어요!"

우리는 티격태격하며 국회 의사당 안에 있는 박물관으로 향했다. 제Ⅰ전시실에서는 민주주의의 시작점이 된 임시 의정원에 대한 소개가 있었다. 임시 의정원은 대한민국 임시 정부 안에 두었던 입법 기관으로, 3·1 운동 이후 열린 회의에서 '대한민국'이라는 국호를 정했다고 한다. 임시 의정원에 속한 독립운동가들의 사진을 보니, 가슴이 뭉클해졌다. 그리고 아까 아빠가 했던 이야기가 떠올랐다.

아빠가 말한 로보트, 그러니까 진짜 영웅은 어쩌면 우리나라를 민주주의 국가로 세우기 위해 노력한 그분들이 아닐까?

## 질문하기

국회 의사당 건물은 다시 봐도 정말 멋지다!

 국회 의사당 건물에는 여러 상징들이 숨어 있어. 건물 앞에 있는 8개의 기둥은 경기도, 경상남도, 전라북도 등 우리나라 전국 8도를 상징해. 또한 본회의장 천장 조명은 365개인데, 국민을 위해 항상 쉬지 말고 일하라는 뜻이 담겨 있어. 국회 의사당 건물을 이렇게 공들여 지은 이유는 국회가 민주주의를 상징하기 때문이야.

국회 의사당 전경

국회가 민주주의를 상징한다고?
아, 국민이 뽑은 대표들이 모인 기관이 국회라서 그런 거야?

 맞아. 오늘날 대부분의 민주주의 국가에서는 선거로 국민의 대표자를 선출하고, 그들에게 나랏일을 맡기는 대의제를 하고 있어. 선거로 선출한 대표로 구성된 국가 기관을 '의회'라고 하는데, 우리나라에서는 이 의회를 **'국회'**라고 불러. 즉, 국회는 국민의 대표 기관인 셈이야.

그럼 국회에서는 어떤 일을 해?

 국회에서 하는 가장 대표적인 일이 바로 **'입법'**이야. 헌법 제40조를 보면 "입법권은 국회에 속한다."라고 적혀 있어. 법을 만드는 권한은 바로 국회에 있는 거지. 국회는 국민의 권리를 보장하고 국가를 잘 운영하기 위해 기존에 없던 법을 만들거나, 이미 정해져 있던 법을 고쳐 개정하기도 해.

## 봄쌤의 어휘 특강

우리 친구들도 언젠가 국회 의사당에 방문해 보면 좋겠다! 그럼 국회에 대해 다시 한번 살펴볼까?

### 국회의 의미

**＊ 국회**
- 국민이 직접 뽑은 의원들로 구성된 <u>국민의 대표 기관</u>.
- 국민의 의사를 반영하여 법률을 제정하거나 개정하는 입법 기관.

### 입법의 의미

**＊ 입법**
- 법률을 <u>제정</u>하는 일.
  ↳ 기존에 없던 제도나 법률 등을 만들어서 정하는 것.
- 국회에서는 법률을 <u>개정</u>하는 일도 함.
  ↳ 이미 정하였던 제도나 법률을 고쳐서 바르게 하는 것.
- 국회가 하는 <u>가장 중요한 일이 입법이므로</u> <u>국회를 '입법부' 또는 '입법 기관'</u>이라고 함.
- 헌법 제40조에 "입법권은 국회에 속한다."라고 적혀 있음.
- 법안이 통과되려면 재적 의원의 과반수가 출석하고 출석한 의원의 과반수가 찬성해야 함.

### 어휘 확인하기

 어휘에 대한 설명을 읽고 맞는 것은 O, 틀린 것은 X 표시해 봐.

1. 국회는 대한민국의 모든 국민이 모여 구성된 국가 기관이야. ☐

2. 국회는 국민의 의사를 반영하여 법률을 제정하는 입법 기관으로 '입법부'라고도 해. ☐

 다음 설명을 잘 읽고, 빈칸에 공통으로 들어갈 어휘를 써 봐.

> ☐ 은 국회에서 국민의 의사를 반영하여 법률을 제정하는 일을 뜻해. 국회가 하는 가장 중요한 일이고, 헌법 제40조에는 ☐ 에 대한 권한이 국회에게 있다고 분명히 적혀 있어.

☐

### 🔍 더 알아보기

#### 법안 통과를 막아라! '필리버스터'

만약 한 정당의 소속 의원 수가 국회의 과반수를 차지한다면 어떻게 될까? 그 정당 단독으로도 법안 통과가 가능해질 거야. 이러한 다수당의 독주를 막기 위해 우리나라를 비롯한 미국, 프랑스 등에서는 '필리버스터(Filibuster)' 제도를 운영하고 있어. 필리버스터는 무제한 토론을 하면서 법안 통과 진행을 지연시키는 것을 말해.

우리나라 최초의 필리버스터는 1964년, 당시 의원이었던 김대중 전 대통령이 한일 협정에 반대하여 무려 5시간 19분 동안 발언한 거야. 이는 체포 위기에 놓인 동료를 지키기 위함이었고, 그 결과 체포 동의안을 무산시킬 수 있었지.

# 19  **핵심 어휘**  #지역구 의원  #비례 대표 의원  #본회의

교과 연계 ▶ 중2  1-2 국회

## 국회 의원을 만나다!

 대한민국 제22대 국회 의원 선거가 끝났습니다. 당선자 중 한 분을 만나 이야기를 나눠 보도록 하겠습니다. 안녕하세요? 저는 《틴틴 매거진》의 유지민 학생 기자입니다. 먼저 당선을 진심으로 축하드립니다.

 감사합니다. 저는 ○○시 △△구에 출마하여 당선된 김대한입니다. 앞으로 국민을 위한 정치를 하기 위해 최선을 다하겠습니다.

 오, 각오가 정말 대단하시네요. 이번 국회 의원 선거에서 총 몇 명이 당선되었나요?

 제22대 국회 의원 선거에서는 지역구 의원 254명, 비례 대표 의원 46명이 선출되었습니다. 총 국회 의원의 수는 때에 따라 조금씩 달라집니다.

 김대한 당선인은 ○○시 △△구의 지역구 의원으로 뽑혔는데요, 그러면 그 지역의 주민만을 대표하시는 건가요?

 아닙니다. 저는 ○○시 △△구에 살고 있는 주민들에 의해 선출되었지만, 전체 국민을 대표합니다. 제가 선출된 지역은 물론 모든 국민의 삶이 나아질 수 있도록 노력할 것입니다.

 네, 앞으로도 그 마음 변치 말고 국민을 위해 일해 주시길 바랍니다. 인터뷰에 응해 주셔서 감사합니다.

## 질문하기

질문 있어! 국회 의원 선거는 어떤 방식으로 진행돼?

 국회 의원 선거 때 유권자는 투표 용지를 2장 받아. 하나는 소속된 정당과 후보자 이름이, 다른 하나는 정당만 써 있는 종이야. 후보자 이름이 써 있는 종이가 '**지역구 의원**'을 뽑는 투표 용지고, 정당만 써 있는 종이가 '**비례 대표 의원**'을 뽑는 투표 용지야. 각 지역구에서 나온 후보자들 중에서 가장 많은 득표수를 얻은 사람이 지역구 의원으로 선출돼. 반면 비례 대표 의원은 각 정당의 득표율에 비례하여 선출되지.

그럼 정당이 표를 많이 얻을수록 비례 대표 의원의 수도 많아지는 거야?

 맞아. 만약 총 10명의 비례 대표 의원을 뽑는다고 해 보자. 투표 결과 A당이 50%, B당이 30%, C당이 20%의 득표율을 얻었다면 각각 5명, 3명, 2명의 비례 의원이 당선되는 거야. 물론 실제로는 이러한 득표율에 다른 조건이 추가로 적용되기도 해.

그렇구나! 그럼 국회 의원은 몇 년 동안 일해?

 국회 의원의 임기는 4년이야. 또한 선거가 끝난 후 국회가 구성되면 국회 의장 1명과 부의장 2명을 선출해. 국회 의장은 '**본회의**'를 진행하는데, 본회의는 모든 국회 의원이 모여서 국가의 중요한 문제를 최종적으로 결정하는 회의를 말해. 법률안, 예산안 등을 심사하고 결정하는 곳이 바로 본회의야.

## 봄쌤의 어휘 특강

이번 시간에는 국회에 대해 자세히 살펴봤네! 국회가 어떻게 구성되는지 다시 정리해 보자.

### 국회의 구성

**＊ 지역구 의원**
- 각 지역구의 후보자 중에서 <u>투표를 통해 선출된</u> 국회 의원.

**＊ 비례 대표 의원**
- <u>정당별 득표율에 비례하여 선출된</u> 국회 의원.
- 예를 들어 총 10명의 비례 대표 의원을 뽑는 선거에서 A정당이 50%, B정당이 30%, C정당이 20% 득표율을 얻었다면 각각 5명, 3명, 2명이 당선되는 구조.

**＊ 본회의**
- 국회의 모든 결정이 <u>최종적으로 이루어지는 회의</u>.
- 국회 의원 전체가 참여하여 <u>법률안, 예산안 등 국가의 중요한 일에 대해</u> 최종적으로 심사하고 결정함.
- 국회를 대표하는 '<u>국회 의장</u>'이 진행함.

**＊ 상임 위원회**
- 국회의 효율적인 의사 진행을 위해 만들어진 위원회.
- 교육, 보건, 복지 등 각 분야별로 전문성을 갖춘 국회 의원들로 구성됨.

## 어휘 확인하기

 어휘에 대한 설명을 읽고 알맞은 것에 O 표시해 봐.

1. ( 지역구 의원 / 비례 대표 의원 )은 각 지역구에서 나온 후보자들 중에 가장 많은 득표수를 얻어 선출된 국회 의원이야.

2. 각 정당의 득표율에 비례하여 선출된 국회 의원을 ( 지역구 의원 / 비례 대표 의원 )이라고 해.

 다음 설명이 뜻하는 어휘를 빈칸에 적어 봐.

> 국회의 대표인 국회 의장이 진행하며, 모든 국회 의원이 참여하여 국가의 중요한 일에 대해 논의하는 회의야. 법률안, 예산안 등을 이 회의에서 최종적으로 심사하고 결정해.

## 더 알아보기

### 우리나라 최초의 국회는?

1945년 우리나라는 해방을 맞이했지만, 미국과 소련의 갈등 때문에 남과 북으로 나뉘게 됐어. 결국 1948년 5월 10일, 남한에서만 단독으로 선거를 치르게 되었고 총 198명의 국회 의원이 뽑혔지. 당시 우리나라는 헌법도 대통령도 없었어. 헌법을 만들기 위해 최초의 국회가 세워졌는데, 이를 '제헌 국회'라고 불러.

1948년 7월 1일, 제헌 국회는 나라 이름을 '대한민국'으로 정하고, 헌법을 제정했어. 이어서 이승만을 대통령, 이시영을 부통령으로 뽑은 뒤 정부 조직법, 반민족 행위 처벌법 등 20여 건의 법률을 만들어 국가의 기반을 다졌어.

1948년 5월 31일, 제헌 국회 개원식

# 20

✅ **핵심 어휘**  #국정 감사  #국정 조사  #탄핵 소추  #예산안

교과 연계 ▶ 중2  1-2 국회

## 대통령도 쫓겨날 수 있다고?

"아이고, 탄핵 소추 문제로 나라가 시끄럽구나."

뉴스를 보던 아빠가 한숨을 쉬며 말씀하셨어요.

"아빠, 탄핵 소추가 뭐예요?"

"탄핵 소추는 높은 지위에 있는 공무원이 법을 위반했을 때, 국회에서 해당 공무원을 그만두게 만드는 심판을 헌법 재판소에 요구하는 것을 말해. 국회는 대통령에 대한 탄핵도 요구할 수 있지."

제니는 깜짝 놀라 눈을 동그랗게 떴어요.

"그럼 대통령이 쫓겨날 수 있는 거예요?"

"물론이지. 대통령이라도 잘못이 있다면 정당한 절차를 통해 물러나게 할 수 있단다."

제니는 문득 얼마 전에 본 유튜브 영상이 떠올랐어요. 많은 사람이 여의도에 모여 대통령에 대한 탄핵 소추를 요구하며 시위를 벌였던 장면이 생각났지요.

진지한 표정으로 텔레비전을 보던 제니가 말했어요.

"높은 자리에 있을수록 책임감도 커지는 것 같아요."

"맞아. 그래서 대통령이나 국회 의원 같은 사람들은 더욱 법을 잘 지키고, 국민을 위하는 마음을 가져야 한단다."

아빠의 말에 제니가 동의한다는 듯 고개를 끄덕였어요.

## 질문하기

대통령도 잘못을 하면 자리에서 쫓겨날 수 있구나.

 맞아. 만약 대통령, 국무총리, 행정부 장관, 법관 등 고위 공무원이 헌법이나 법률을 위반한다면, 국회에서는 해당 공무원을 그만두게 하는 심판을 헌법 재판소에 요구할 수 있어. 이를 **'탄핵 소추'**라고 해.

저번에 국회는 입법 기관이라고 배웠는데, 국회는 법을 만드는 일만 하는 게 아니네?

 그럼. 국회는 입법뿐만 아니라 국정을 감시하고 견제하는 일도 해. 우리나라는 해마다 9월 1일이면 정기 국회가 시작되는데, 이 정기 국회 기간 동안 **'국정 감사'**를 실시해. 정부가 국정을 잘 운영하고 있는지, 잘못된 부분은 없는지 등을 살펴보는 거야. 또 특정한 사안에 대해서는 더욱 철저히 파헤쳐 조사하는 **'국정 조사'**를 실시해.

우아. 국회에서 다양한 일을 하는구나. 또 어떤 일을 하는지 말해 줄 수 있어?

 국가 재정과 관련된 일도 하고 있어. 국가 활동에 필요한 수입과 지출을 정하는 계획을 '예산'이라고 해. 국가 예산의 대부분은 국민이 낸 세금으로 이루어져 있어. 그러니 정부가 예산을 함부로 사용하면 안 되겠지? 국회는 정부가 제출한 **'예산안'**이 올바른 곳에 쓰이는지 살펴봐. 또한 정부가 예산안대로 예산을 잘 사용하였는지 심사하지.

## 봄쌤의 어휘 특강

국민의 권리를 보호하기 위해 국회가 중요한 일을 하네. 자, 그럼 오늘 배운 내용을 더 자세히 살펴볼까?

### 일반 국정에 관한 국회의 역할

**＊ 국정 감사**
- 매년 정기 국회 기간에 국회가 국정 전반에 대해 살펴보는 감사.

**＊ 국정 조사**
- 특정한 사안이 발생했을 때 국회가 하는 조사.
  ↳ 법률이나 규정 등에서 문제가 되는 일.

**＊ 탄핵 소추**
- 고위 공무원이 헌법이나 법률을 위반한 경우, 국회에서 해당 공무원을 그만두게 하는 심판을 헌법 재판소에 요구하는 것.

### 국가 재정에 관한 국회의 역할

**＊ 예산안**
- 정부가 1년 동안 국가 활동에 필요한 수입과 지출의 계획인 예산을 짜서 국회에 제출하는 안건.
- 국회는 예산안을 심의하고 확정함. 또한 정부가 예산을 올바른 곳에 썼는지 심사함.

## 어휘 확인하기

 어휘에 알맞는 설명을 찾아 선으로 이어 봐.

국정 감사 ● ● 국회가 매년 정기적으로 국정 전반을 점검하는 일을 말해.

국정 조사 ● ● 특정한 사안이 발생했을 때 국회가 진행하는 조사를 뜻해.

 오늘 배운 어휘 중 빈칸에 들어갈 알맞은 어휘를 써 봐.

(                    )은 정부가 1년 동안 국가 활동에 필요한 예산을 짜서 국회에 제출하는 안건을 말해. 국회는 세금이 낭비되지 않도록 정부가 낸 이것을 심의해.

## 더 알아보기

### 대통령직에서 물러나는 일, 탄핵 VS 하야

탄핵이 국회의 요구와 헌법 재판소의 판단에 따라 강제로 물러나는 것이라면, 하야는 스스로 물러난다는 데서 차이가 있어. '하야'는 시골로 내려간다는 뜻으로, 관직이나 정계에서 물러남을 이르는 말이야. 대통령이 임기를 마치기 전에 자리에서 물러나는 것도 하야라고 하지. 만약 대통령이 하야하겠다고 자신의 의사를 밝히면 그 즉시 하야할 수 있으며, 60일 이내에 새로운 대통령을 뽑는 선거가 열려야 해.

이승만 대통령 하야로 이어진 4·19 혁명

또한 하야한 대통령은 전직 대통령으로서 연금, 병원비 지원 등 다양한 혜택을 받지만, 탄핵을 당한 대통령은 대부분의 혜택을 받지 못해.

## 21 ✅ 핵심 어휘  #대법원  #고등 법원  #지방 법원

교과 연계 ▶ 중2   1-3 법원과 헌법 재판소

# 대법원 가는 날

일기 쓴 사람: 정유나

○○월 ○○일 날씨: 비 온 뒤 맑음

오늘은 대법원으로 체험 학습을 가는 날이다. 아침부터 비가 내렸지만, 역 바로 앞에 대법원이 있어서 비를 맞지 않고 금방 찾아갈 수 있었다.

먼저 친구들과 함께 법원 전시관에 갔다. 그곳에는 '법원 역사실', '어린이 법 체험실' 등이 있었다. 이곳에서 법의 의미와 역사를 배운 뒤 정의의 여신상을 보러 갔다.

보통 정의의 여신상은 그리스 신화에 나오는 정의의 여신인 디케로, 저울과 칼을 들고 서 있다. 얼굴을 보면 대개 두 눈을 가리고 있는데, 여기에는 재산이나 신분에 관계없이 모두를 공정하게 대하겠다는 뜻이 담겨 있다.

그런데 대법원에 있는 정의의 여신상은 우리나라 전통 옷을 입고 앉은 자세로, 두 눈을 크게 뜨고 있었다. 사건을 제대로 바라보고 판결하겠다는 뜻을 담아 눈을 뜬 모습으로 만들어졌다고 한다. 그리고 칼 대신 법전을 들고 있는 이유는, 힘보다는 지혜로 정의를 밝히고 법에 따라 재판을 판단하겠다는 의미를 지녔기 때문이라고 한다.

눈을 뜨고 있네!

대법원 견학이 끝날 무렵, 비가 그쳤다. 구름 한 점 없이 맑게 갠 하늘처럼, 투명하고 공정한 재판이 이루어졌으면 좋겠다.

## 질문하기

 우리나라 대법원에 있는 정의의 여신상은 한국적인 요소가 더해져서 더 특별한 것 같아! 그런데 대법원은 어떤 곳이야?

 법원은 대법원과 각급 법원으로 구성되는데, **'대법원'**은 사법부의 최고 기관이야. 고등 법원이나 지방 법원 같은 다른 법원이 내린 판결에 이의가 있다면 대법원에서 최종 재판을 받을 수 있어.

서울특별시 서초구에 위치한 대법원

 그럼 한 사건을 여러 번 재판할 수 있는 거야?

 응. 우리나라는 한 사건에 대해 세 번의 재판을 받을 수 있는 '삼심 제도'를 운영하고 있거든. 1심 재판은 지방 법원이 담당하는데, **'지방 법원'**은 주로 민사 재판이나 형사 재판을 다뤄. 만약 지방 법원의 판결에 불만이 있다면 고등 법원에 판결을 다시 요청할 수 있어. **'고등 법원'**은 2심 재판을 통해 지방 법원에서 내린 판결이 잘못되었다고 판단되면 새로운 판결을 내려. 그런데 고등 법원의 판결에도 불만이 있다면 어떨까? 그땐 대법원에 판결을 다시 해 달라고 요청하면 돼.

 대법원, 고등 법원, 지방 법원 말고 다른 법원은 없어?

 그 밖에 이혼이나 상속과 같은 가정에 관한 사건을 담당하는 가정 법원, 특허권에 관련된 사건을 담당하는 특허 법원, 행정 관련 사건을 담당하는 행정 법원, 기업의 회생과 파산 사건을 맡는 회생 법원이 있어.

## 봄쌤의 어휘 특강

나중에 기회가 된다면 법원에 꼭 방문해 봐! 좋은 경험이 될 거야. 그럼 법원이 어떤 역할을 하는지 다시 살펴볼까?

### 법원의 역할

**＊ 대법원**
- 사법부의 최고 기관.
- 삼심 제도에 따라 최종심을 담당함.

**＊ 고등 법원**
- 지방 법원을 거친 1심 사건에 대해 2심 재판을 담당함.
- 서울, 대전, 대구, 부산, 광주, 수원에 위치함.

**＊ 지방 법원**
- 민사 또는 형사 사건의 1심 재판을 담당함.
- 특별시, 광역시, 도청 소재지 등에 있음.

**＊ 가정 법원**
- 이혼, 상속 등 가정 사건과 소년 범죄에 관한 사건을 담당함.

**＊ 특허 법원**
- 특허와 관련된 사건을 담당함.

**＊ 행정 법원**
- 행정 관련 사건을 담당함.

**＊ 회생 법원**
- 기업의 회생과 파산 사건을 담당함.

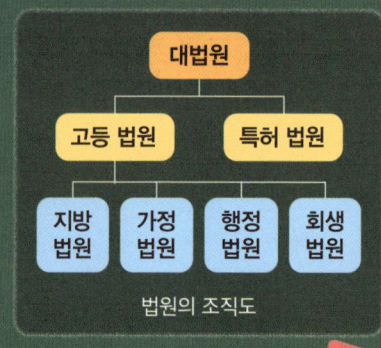

법원의 조직도

## 어휘 확인하기

 어휘에 대한 설명을 읽고 맞는 것은 O, 틀린 것은 X 표시해 봐.

1. 대법원은 사법부의 최고 기관으로 최종심을 담당해.

2. 기업의 회생과 파산 사건을 담당하는 곳은 행정 법원이야.

 다음 설명을 잘 읽고, 빈칸에 공통으로 들어갈 어휘를 써 봐.

> 우리나라에는 삼심 제도가 있는데, [　　　　　]은 주로 지방 법원을 거친 1심 사건에 대한 2심 판결을 맡아. [　　　　　]에서 내린 2심 판결에도 불만이 있다면 대법원에 판결을 다시 요청할 수 있어.

## 더 알아보기

### 소년 범죄와 처벌

어린 범죄자는 어떻게 처벌될까? 만 10세 이상부터 만 14세 미만까지는 촉법 소년으로 분류되어 형법을 위반해도 형사 처벌을 받지 않아. 대신 가정 법원에서 재판을 받고 보호 관찰, 수강 명령, 소년원 송치와 같은 보호 처분을 받게 돼.

보호 관찰은 자유롭게 일상생활을 하면서 일정한 감독과 지도를 받는 거야. 수강 명령은 폭력 예방 교육, 약물 중독 치료 등 교육 프로그램에 참여하는 처분이야. 중범죄를 저지른 경우에는 소년원으로 가서, 직업 훈련, 심리 상담 등을 받아. 정부는 이러한 과정을 통해 범죄를 저지른 청소년이 사회에서 다시 올바르게 살아갈 수 있도록 돕고 있어.

교과 연계 ▶ 중2   1-3 법원과 헌법 재판소

# 22

☑ **핵심 어휘**   #헌법 재판소   #위헌 법률 심판   #헌법 소원 심판

## 같은 성씨는 결혼할 수 없었다고요?

오늘은 해인이의 이모가 결혼하는 날이에요. 해인이는 부모님과 함께 두근거리는 마음으로 자리에 앉았어요. 하얀 웨딩드레스를 입은 신부와 까만 턱시도를 입은 신랑이 함께 걸어오는 모습은 정말 아름다웠어요.

이윽고 주례 선생님의 말씀이 시작되었어요.

"신랑 기민호 군과 신부 기혜수 양은…."

가만히 주례를 듣던 해인이가 엄마에게 속삭였어요.

"엄마, 이모부도 이모랑 같은 기씨네요? 둘 다 특이한 성씨라서 신기해요."

"그러게, 정말 신기하지? 그런데 30년 전만 해도 같은 성씨와 같은 본관\*을 가진 사람들끼리는 결혼할 수 없었어. 그걸 금지하는 법이 있었거든."

"정말요? 그럼 옛날이라면 이모랑 이모부는 결혼할 수 없었겠네요?"

엄마는 고개를 끄덕이며 계속 말씀하셨어요.

"맞아. 그런데 이제는 헌법 재판소의 판결에 따라 8촌 이내가 아니라면 성과 본관에 관계없이 결혼할 수 있단다."

해인이는 엄마의 이야기를 듣고 나니 이모와 이모부의 결혼이 더욱 특별하게 느껴졌어요. 해인이는 이모와 이모부를 향해 큰 소리로 외쳤어요.

"이모, 이모부! 결혼 정말 축하해요. 행복하세요!"

\*본관: 조상이 태어난 곳을 말해요. 만약 조상이 전주에서 태어나고 머물렀다면, 본관이 '전주'가 되는 거예요.

## 질문하기

성과 본관이 같은 사람끼리도 결혼할 수 있다는 결정을 헌법 재판소에서 내렸다고? 헌법 재판소는 지난 시간에 배운 법원과는 다른 곳이야?

 법원이 일반적인 민사 사건과 형사 사건을 담당하는 기관이라면, **'헌법 재판소'** 는 국회에서 만든 법률이 우리나라의 최고법인 헌법에 어긋나는지 판단하고, 국가 권력이 헌법과 다르게 행사되어 국민의 기본권을 침해하지는 않았는지 판단하는 기관이야. 그런 의미에서 헌법 재판소는 헌법 수호 기관이면서 기본권 보장 기관이라고 할 수 있지.

아, 그래서 헌법에 맞지 않는 법률을 없앨 수 있는 거구나.

 맞아. '동성동본 혼인 금지'도 혼인의 자유를 침해할 우려가 있어 민법에서 삭제한 거야. 이러한 결정은 '위헌 법률 심판'을 통해 내려진 거야. **'위헌 법률 심판'** 이란 헌법 재판소에서 특정 법률이 헌법에 위반되는지 여부를 심판하는 것을 말해. 법원에서 재판이 진행될 때 그 사건에 적용되는 법률이 헌법에 위반된다고 판단할 경우 법원이 직접 또는 소송 당사자의 신청에 따라 위헌 법률 심판을 요구할 수 있어.

헌법 재판소에서는 정말 중요한 일을 하는구나! 또 어떤 일을 하는지 알고 싶어.

 **'헌법 소원 심판'** 도 담당하고 있어. 헌법 소원 심판은 국가 권력이나 법률이 국민의 기본권을 침해했을 때 그 침해 여부를 판단하는 심판이야. 침해당한 사람이 헌법 재판소에 구제를 신청하면 심판이 이루어져.

## 봄쌤의 어휘 특강

> 국민의 기본권을 지키는 헌법 재판소, 정말 중요한 곳이지? 오늘 배운 헌법 재판소의 역할을 다시 정리해 보자. 다음 시간에도 이어지니까 잘 기억해 두렴.

### 헌법 재판소
- 국회에서 만든 법률이나 국가 권력의 행사가 헌법에 어긋날 때, 이를 심판하는 독립된 국가 기관.
- <u>헌법 수호 기관이자 기본권 보장 기관.</u>
- 9명의 재판관으로 구성됨.
- 헌법 재판소에서 법률이 헌법에 위반된다고 결정하면 법률은 효력을 잃음.

### 헌법 재판소의 역할 1

**★ 위헌 법률 심판**
- 법원에서 재판이 진행될 때 그 재판에 적용되는 <u>법률이 헌법에 위반되는지를</u> 심판함.
- 법원이 제청을 기각한 경우, 소송 당사자는 '위헌 심사형 헌법 소원'을 제기할 수 있음. → 어떤 안건을 제시하여 결정하여 달라고 청구함.

**★ 헌법 소원 심판**
- 법률이나 국가 권력이 <u>국민의 기본권을 침해</u>하고 있는지를 심판함.
- 심판을 신청하는 주체는 국민이며, 개인이나 단체가 신청할 수 있음.

## 어휘 확인하기

 어휘에 대한 설명을 읽고 알맞은 것에 O 표시해 봐.

1. ( 위헌 법률 심판 / 헌법 소원 심판 )은 법원에서 재판이 진행될 때 그 재판에 적용되는 법률이 헌법에 위반되는지 여부를 판단하는 심판이야.
2. 국민이 국가 권력의 행사로 기본권을 침해당하고, 당사자가 기본권의 구제를 요청하였을 때 판단하는 심판을 ( 위헌 법률 심판 / 헌법 소원 심판 )이라고 해.

 다음 설명이 뜻하는 어휘를 빈칸에 적어 봐.

> 국회에서 만든 법률이 헌법에 어긋나거나 국가 권력이 헌법과 다르게 행사되었을 때 이곳을 통해 해결할 수 있어. 이곳은 헌법 수호 기관이자 국민의 기본권 보장 기관이야.

## 더 알아보기

### 이젠 알 수 있어, 태아의 성별!

2024년 2월, 헌법 재판소는 의료법 제20조 제2항에 대해 위헌 결정을 내렸어. 이 조항은 의사가 32주 이전에 태아 성별을 부모나 다른 사람에게 말할 수 없다고 규정했는데, 헌법 재판소는 이 조항이 헌법에 어긋난다고 판단한 거야.

부모가 태아의 성별을 궁금해하는 것은 당연한데, 왜 이런 법이 있었던 걸까? 그건 과거에 뿌리 깊게 자리 잡았던 남아 선호 사상 때문이야. 아들을 원하는 부모들은 태아가 여자라고 밝혀지면 낳지 않으려 했거든. 하지만 지금은 사회가 많이 바뀌었지. 헌법 재판소는 이번 결정을 내리며 부모가 태아의 성별을 알 권리가 있다고 했어.

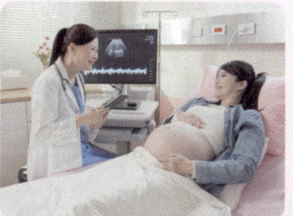

교과 연계 ▶ 중2  1-3 법원과 헌법 재판소

# 23

☑ **핵심 어휘**  #탄핵 심판  #정당 해산 심판  #권한 쟁의 심판

## 헌법 재판관을 만나다!

 안녕하세요. ○○뉴스 어린이 기자단 정지우입니다. 오늘은 헌법 재판관을 만나기 위해 왔는데요, 지금 바로 모셔 볼게요.

 반갑습니다. 헌법 재판관으로 일하는 판사 김공정이라고 합니다.

 판사님, 지금 일하고 계신 헌법 재판소에서는 주로 어떤 일을 하나요?

 헌법 재판소에서는 위헌 법률 심판, 헌법 소원 심판, 탄핵 심판, 권한 쟁의 심판, 정당 해산 심판 등을 담당합니다. 조금 전까지 사무실에서 정당 해산 심판에 관한 자료를 살펴보다가 내려왔지요.

 정당 해산 심판이요? 엇, 그럼 정당도 해산될 수 있다는 건가요?

 맞습니다. 정당의 목적이나 활동이 헌법의 기본 질서에 어긋날 때, 재판에 따라 해산될 수 있습니다.

 그렇군요. 그럼 정당 해산 심판은 헌법 재판소에서만 하나요?

 네, 헌법 재판소만이 정당 해산을 결정할 수 있기 때문에 신중하게 판단해야 합니다. 헌법 재판소에서 진행하는 모든 심판이 국민의 기본권과 민주주의를 지키는 중요한 심판들이기에, 헌법 재판관들도 매사 최선을 다하고 있습니다.

 친절하게 대답해 주셔서 감사합니다! 짧지만 유익한 시간이었어요.

 저도 즐거웠습니다. 헌법에 관심을 가져 주셔서 고맙습니다.

## 질문하기

지우가 헌법 재판관을 만났네. 그런데 인터뷰 내용을 보니까 헌법 재판소의 결정으로 정당이 사라질 수도 있구나!

맞아. 정당의 활동이 헌법에서 정하는 민주적 기본 질서에 어긋난 경우, 헌법 재판소는 정당을 해산할지를 판단할 수 있어. 이를 **'정당 해산 심판'**이라고 해. 2014년 헌법 재판소의 결정에 따라 통합 진보당이 해산되었고, 이는 대한민국 헌법에 따라 정당이 해산된 첫 번째 사례야.

헌법 재판소가 맡는 일에는 또 뭐가 있어?

대통령이나 국무총리, 장관, 법관 등 고위 공무원이 헌법이나 법률을 위반했을 경우, 그들에 대한 파면을 결정하는 **'탄핵 심판'**도 해. 파면은 잘못을 저지른 사람이 직무를 그만두게 하는 거야. 예를 들어 2025년에 윤석열 대통령이 헌법과 법률을 위반하였다는 이유로 대통령직에서 파면되었어.

아! 뉴스에서 봤어. 대통령 탄핵 심판도 헌법 재판소에서 하는구나. 마지막으로 권한 쟁의 심판에 대해서도 알고 싶어!

**'권한 쟁의 심판'**은 국가 기관이나 지방 자치 단체 간에 권한의 범위를 둘러싸고 다툼이 발생했을 때 이를 판단하는 심판이야. 국가 기관 사이에 충돌을 조정하기 위한 아주 중요한 심판이지.

## 봄쌤의 어휘 특강

지난 시간에 이어 헌법 재판소의 역할에 대해서 배웠어. 그럼 선생님이랑 같이 오늘 공부한 내용을 다시 정리해 볼까?

### 헌법 재판소의 역할 2

**※ 탄핵 심판**
- 대통령, 국무총리, 장관, 법관 등 법률이 정한 공무원에 대해 국회에서 탄핵 소추를 의결했을 경우, 그 탄핵 여부를 판단하는 심판.

**※ 정당 해산 심판**
- 정당의 목적이나 활동이 헌법에서 정하는 민주적 기본 질서에 어긋날 때 정부가 정당의 해산을 청구하면 그 해산 여부를 판단하는 심판.

**※ 권한 쟁의 심판**
- 국가 기관 간에 권한의 의무와 범위를 둘러싸고 다툼이 발생했을 때 이를 판단하는 심판.

2025년 4월, 헌법 재판소 대심판정에서 열린 윤석열 대통령 탄핵 심판

## 어휘 확인하기

 어휘에 알맞는 설명을 찾아 선으로 이어 봐.

탄핵 심판 • • 고위 공무원이 헌법이나 법률을 위반했을 때 그들에 대한 파면을 결정하는 심판이야.

권한 쟁의 심판 • • 국가 기관이나 지방 자치 단체 사이에 권한의 범위를 둘러싸고 다툼이 생겼을 때 이를 판단하는 심판이야.

 오늘 배운 어휘 중 빈칸에 들어갈 알맞은 어휘를 써 봐.

( )은 정당의 목적이나 활동이 헌법에서 정하는 민주적 기본 질서에 어긋날 때 헌법 재판소가 해당 정당의 해산 여부를 판단하는 심판이야.

## 더 알아보기

### 미국의 탄핵 제도는 어떨까?

우리나라는 헌법 재판소에서 탄핵 심판을 담당하지만, 미국은 상원 의원에서 탄핵이 이루어져. 미국 의회는 '상원'과 '하원'으로 나누어져 있는데, 이 중 상원에서 대통령이나 판사 등을 대상으로 탄핵 심판을 해.

하원에서 공직자를 탄핵시키자는 '탄핵 소추안'을 통과시키면 상원에서 그 탄핵 소추안에 대해 실제로 판단을 하고 결정을 내려. 상원 의원들이 재판관 역할을 하는 셈이지. 이 때 탄핵이 성립하려면 100명의 상원 의원 중 3분의 2 이상이 탄핵에 찬성해야 해.

2025년 4월, 미국에서 열린 도널드 트럼프 대통령 반대 시위

# 24

✅ 핵심 어휘  #재화  #서비스  #희소성  #기회비용

교과 연계 ▶ 중2  2-1 합리적 선택

## 빈센트 반 고흐의 작품들

빈센트 반 고흐는 1853년에 네덜란드에서 태어난 화가예요. 그는 강렬한 색깔과 과감한 붓질로 독특한 화풍을 만들었어요. 해바라기의 생명력과 아름다움을 표현한 <해바라기>는 고흐의 개성을 대표하는 작품이에요. 이 그림은 무려 8420만 달러(한화 약 1200억 원)의 가치로 알려져 있지요.

빈센트 반 고흐, <해바라기>

현재 고흐의 작품은 비싸게 거래되고 있지만, 그가 그린 900여 점의 작품들 중에서 살아 있을 때 팔렸던 그림은 단 한 점뿐이라고 해요. 바로 포도밭에서 일하는 노동자들의 모습을 그린 <아를의 붉은 포도밭>이지요. 이 그림은 1890년 벨기에 브뤼셀에서 열린 한 전시회에 출품되어 400프랑(현 시세 약 1000달러, 한화 135만 원)에 판매되었어요. 당시 고흐의 그림은 인기가 없어서 지금은 상상도 할 수 없는 가격에 팔렸던 거예요.

빈센트 반 고흐, <아를의 붉은 포도밭>

무명의 화가로 평생 가난과 외로움 속에 살았던 고흐는 1890년에 생을 마감했어요. 하지만 고흐의 작품은 그가 세상을 떠난 뒤부터 주목을 받기 시작해, 지금도 전 세계에서 큰 사랑을 받으며, 예술을 사랑하는 이들에게 영감을 주고 있어요.

## 질문하기

고흐가 살아 있을 때 작품성을 인정받았다면 더 좋았을 텐데…. 안타까워.

 응. 예전에는 고흐의 작품을 사려는 사람이 거의 없었는데, 이제는 많은 사람이 가지고 싶어 해. 하지만 원하는 사람이 많아도 모두 가질 수는 없지. 이렇게 인간의 욕구에 비해 자원이 부족한 상태를 '**희소성**'이라고 해. 우리는 희소성 때문에 경제 활동을 할 때 어떤 것은 선택하고, 어떤 것은 포기하게 돼.

그렇구나! 그런데 방금 한 말에서 '경제 활동'이 뭐야?

 인간이 살아가기 위해서는 다양한 재화와 서비스가 필요해. '**재화**'는 옷과 음식처럼 구체적인 형태가 있는 물건이야. '**서비스**'는 의사가 환자를 진료하거나 선생님이 학생을 가르치듯, 우리 생활에 도움을 주는 일을 말해. 이러한 재화나 서비스를 생산, 분배, 소비하는 모든 활동이 경제 활동이야.

경제 활동을 잘 하기 위해 알아 두어야 할 점이 있어?

 기회비용을 잘 따져 봐야 해. '**기회비용**'이란 어떤 선택을 함으로써 포기하게 되는 것들 중 가장 가치 있는 것을 말해. 예를 들어 만 원으로 과자와 학용품 중 하나만 살 수 있다고 해 보자. 과자를 고를 경우, 과자 가격뿐만 아니라 학용품을 샀더라면 얻을 수 있었던 만족이 기회비용이 되는 거야.

## 봄쌤의 어휘 특강

한정된 자원에서 만족감을 얻으려면 선택이 정말 중요하겠네. 그럼 오늘 배운 내용을 선생님이랑 함께 살펴볼까?

### 경제 활동의 의미

**※ 경제 활동**
- 사람이 살아가는 데 필요한 재화나 서비스를 생산하고 분배하며 소비하는 활동.

**※ 재화**
- 음식, 옷과 같이 인간의 필요를 충족시켜 주는 구체적인 형태가 있는 물건.

**※ 서비스**
- 의사의 진료, 선생님의 수업처럼 인간의 생활에 도움을 주는 가치 있는 행위.

### 경제 활동의 특성

**※ 희소성**
- 사람들의 욕구에 비해 자원이 부족한 상태.

**※ 기회비용**
- 어떤 것을 선택함으로써 포기하는 것들 중에서 가장 가치가 큰 것.

생산: 생활에 필요한 재화나 서비스를 만들거나 그 가치를 높이는 활동.
분배: 생산 활동에 참여한 대가를 받는 것.
소비: 생활에 필요한 재화나 서비스를 구입해 사용하는 활동.

## 어휘 확인하기

 어휘에 대한 설명을 읽고 맞는 것은 O, 틀린 것은 X 표시해 봐.

1. 의사가 환자를 진료하듯 생활에 도움을 주는 가치 있는 행위를 '재화'라고 해. ☐

2. '희소성'이란 사람들의 욕구에 비해 자원이 부족한 상태를 말해. ☐

 다음 설명을 잘 읽고, 빈칸에 공통으로 들어갈 어휘를 써 봐.

[　　　　　]은 어떤 것을 선택함으로써 포기하게 되는 것들 중 가장 가치가 큰 것을 말해. 경제 활동을 할 때 합리적으로 선택하기 위해서는 [　　　　　]을 잘 따져 봐야 해.

[　　　　　　　]

## 🔍 더 알아보기

### 합리적인 소비를 하려면?

먼저 필요한 것과 원하는 것을 구분해야 해. 필요한 것은 음식이나 옷처럼 생존이나 생활에 꼭 필요한 물건들이야. 원하는 것은 최신 스마트폰같이 단순히 사고 싶은 물건이지. 소비할 때는 원하는 것보다 필요한 것을 먼저 생각하고 예산을 확인해야 해. 물건을 사기 위해 쓸 수 있는 금액은 한정돼 있거든.

금액대를 정했다면, 인터넷으로 여러 물건들을 검색하고 비교해 봐. 같은 물건이라도 파는 곳에 따라 가격이 다를 수 있어. 그래서 여러 곳을 살펴보고 가장 합리적인 가격과 물건을 찾는 것이 중요하지. 살까 말까 망설여질 땐 시간을 두고 다시 생각해 본다면 불필요한 지출을 막을 수 있을 거야.

# 25

✅ 핵심 어휘　#안전성　#수익성　#유동성

교과 연계 ▶ 중2　2-2 안정적인 금융 생활

## 미래의 목표! 자산 관리로 부자 되기

일기 쓴 사람: 이해림

○○월 ○○일 날씨: 흐림

오늘 학교에서 금융 특강을 들었다. 금융은 돈이 이동하는 흐름을 뜻한다. 돈을 벌고, 쓰고, 저축하고, 투자하는 행위들 모두 금융과 관련이 있다고 한다. 처음에 금융이라는 단어만 들었을 때는 어려울 것 같았는데, 선생님께  서 쉽고 재미있게 설명해 주셔서 금방 수업에 집중할 수 있었다.

경제생활을 안정적으로 하려면 금융 지식뿐만 아니라, 자산도 어떻게 관리할지 잘 알아야 한다고 한다. 선생님께서는 어릴 때부터 자산 관리를 잘하면 미래에 부자가 될 수 있다고 하셨다. 이 말을 듣고 앞으로 용돈을 함부로 쓰지 않고 차곡차곡 모아야겠다고 다짐했다.

친구들과 함께 자산 관리를 잘하는 방법에 대해서 토론도 해 봤다. 나는 쓰는 돈이 버는 돈보다 더 적어야 한다고 말했다. 선생님은 내 말에 고개를 끄덕이면서 적은 금액이라도 매달 저축하는 습관이 중요하다고 덧붙이셨다.

다음 시간에는 투자로 어떻게 돈을 불릴 수 있는지 설명해 주신다고 한다. 빨리 다음 주가 되면 좋겠다!

## 질문하기

나도 자산 관리를 잘해서 부자가 되고 싶어. 그러려면 어떻게 해야 해?

 먼저, 자산의 개념부터 알려 줄게. '자산'이란, 자신이 가지고 있는 것 중에 경제적 가치를 지닌 걸 말해. 땅이나 건물, 통장 속 돈처럼 현금으로 바꿀 수 있는 건 모두 자산이야. 자산을 잘 관리하려면 안전성, 수익성, 유동성이 무엇인지 잘 살펴봐야 해.

안전성은 알 것 같아! 자산이 줄어들지 않게 안전해야 한다는 거지?

 오, 제법인걸? 맞아! **'안전성'**은 원금이 안전하게 보장될 수 있는 정도를 의미해. 원금이 안전하게 돌아올 가능성이 크면 안전성이 높은 거고, 손해 볼 가능성이 크면 안전성이 낮은 거야. 또한 **'수익성'**은 투자를 통해 얻을 수 있는 이익의 정도를 말해. 수익성이 높은 곳에 투자한다면 더 많은 돈을 벌 수 있겠지?

그럼, 유동성은 무슨 뜻이야?

 **'유동성'**은 필요할 때 쉽게 현금으로 바꿀 수 있는 정도를 뜻해. 손해 없이 쉽게 현금으로 바꿀 수 있다면 유동성이 높은 거야. 자산마다 안전성, 유동성, 수익성이 달라서 자산 관리 계획을 세울 땐 이 모든 것을 종합적으로 고려해야 해.

## 봄쌤의 어휘 특강

오늘 배운 내용을 바탕으로 용돈을 어떻게 관리하면 좋을지 부모님과 함께 이야기 나눠 봐!

### 자산의 의미

**✱ 자산**
- 자신이 가지고 있는 것 중에 경제적 가치가 있는 것.

### 자산 관리의 원칙

**✱ 안전성**
- 원금이 손실되지 않고 보장될 수 있는 정도.
- 안전성이 높을수록 원금을 안전하게 지킬 수 있음.

**✱ 수익성**
- 투자를 통해 얻을 수 있는 이익의 정도.
- 수익성이 높을수록 더 많은 이익을 얻을 수 있음.

**✱ 유동성**
- 필요할 때 쉽게 돈으로 바꿀 수 있는 정도.
- 유동성이 높을수록 별다른 손해 없이 쉽고 빠르게 현금으로 바꿀 수 있음.

주식과 예금이 무엇인지 궁금하다면 110쪽을 펼쳐 봐!

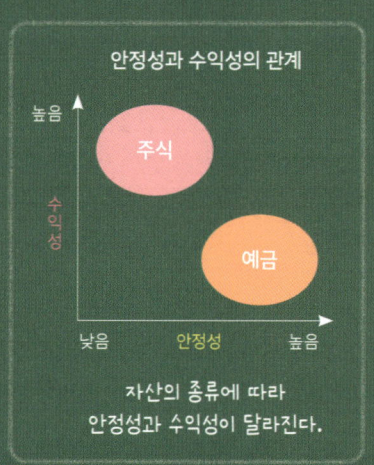

안정성과 수익성의 관계

자산의 종류에 따라 안정성과 수익성이 달라진다.

 어휘에 대한 설명을 읽고 알맞은 것에 O 표시해 봐.

1. 원금에 손실을 주지 않고 보장되는 정도를 ( 안전성 / 수익성 )이라고 해.
2. 가지고 있는 자산을 필요할 때 얼마나 쉽게 돈으로 바꿀 수 있는가를 ( 수익성 / 유동성 )이라고 해.

 다음 설명이 뜻하는 어휘를 빈칸에 적어 봐.

> 자산은 경제적인 가치가 있는 것을 의미하는데, 이러한 자산을 잘 관리하려면 안전성, 유동성, 그리고 이것을 살펴봐야 해. 이것은 투자를 통해 얻을 수 있는 이익의 정도를 말하는데, 그 정도가 높을수록 더 큰 이익을 기대할 수 있어.

## 더 알아보기

### 금융과 얽힌 다양한 직업들

'애널리스트'는 우리말로 '투자 분석가'라고 해. 투자 분석가는 투자 상품 시장을 분석하고, 어떻게 투자하면 좋을지 조언을 해 줘. 자산을 효율적으로 관리하고 싶다면 투자 분석가의 도움을 받아도 좋아.

투자자들이 맡긴 돈을 관리해서 이익을 내는 직업인 '펀드 매니저'도 있어. 고객의 돈을 책임지고 관리하기에 책임 의식이 매우 중요한 직업이야.

끝으로 '외환 딜러'를 소개해 줄게. 외환 딜러는 외환 시장에서 돈의 가치를 사고파는 사람들이야. 미국의 달러화($), 일본의 엔화(¥) 등 각국의 화폐를 거래하면서 이익을 남겨야 하기 때문에 세계 경제의 흐름을 파악하는 능력이 필요해.

# 26

☑ 핵심 어휘　#예금 #적금 #주식 #채권

교과 연계 ▶ 중2　2-2 안정적인 금융 생활

## 용돈 관리 비법, 지금 바로 공개합니다!

안녕하세요, 친구들! 저는 금융 똑똑이, '금똑이'예요. 오늘은 우리가 은행에서 흔히 접할 수 있는 금융 상품인 예금과 적금에 대해 설명해 줄게요.

먼저 예금에 대해 알아볼까요? 예금은 은행에 돈을 맡기고 이자를 받는 거예요. 저금통에 동전을 넣으면 시간이 지나도 액수가 그대로지만, 은행에 예금하면 원금에 이자가 붙어요. 예를 들어, 1년에 원금의 10%를 이자로 주는 예금 상품에 1000원을 저금하면, 일 년 뒤에는 100원이 붙어 총금액이 1100원이 돼요.

적금은 정해진 기간 동안 일정 금액을 은행에 저축하는 거예요. 여러분이 매달 1000원씩 적금을 넣으면, 1년 뒤에는 총 12000원을 저축하게 돼요. 적금도 예금처럼 이자를 주기 때문에, 저축한 금액보다 더 많은 돈을 받을 수 있어요.

어때요? 예금과 적금, 어렵지 않죠? 이 두 가지 방법으로 여러분도 용돈을 잘 관리할 수 있답니다. 오늘 방송이 좋았다면 '구독'과 '좋아요' 버튼도 잊지 말고 눌러 주세요. 다음에 또 만나요. 안녕!

## 질문하기

나도 당장 적금 통장을 만들래! 열심히 저축해서 가지고 싶은 게임기를 살 거야!

 오, 좋은 생각이야. **'적금'**은 계약 기간 동안 매달 일정 금액을 저축하고, 계약 기간이 끝나면 원금과 이자를 받는 상품이야. 그래서 목표를 정하고 돈을 모으기에 유리하지. 적금과 달리 **'예금'**은 일정 금액의 돈을 한 번에 은행에 맡기고, 계약 기간이 끝나면 원금과 이자를 받는 상품이야.

그렇구나! 자산을 관리하는 방법에는 예금과 적금 말고 또 뭐가 있어?

 주식과 채권이 있어. **'주식'**은 기업이 사업에 필요한 돈을 마련하기 위해 투자자에게 돈을 받고 발행하는 증서야. 주식을 가진 사람을 주주라고 하는데, 기업이 이윤을 남기면 주주는 투자한 돈의 액수에 따라 배당금을 받거나, 주식을 사고팔면서 이익을 얻을 수 있어.

채권에 대해서도 설명해 줘!

 **'채권'**은 회사나 정부에 돈을 빌려주는 대가로 일정한 이자를 받을 수 있는 금융 상품이야. 정부나 대기업이 발행한 채권은 상대적으로 안전하지만, 신용도가 낮은 기업의 채권은 위험이 커. 그러니 안전한 목돈 마련이 목적이라면 예금이나 적금을 선택하는 것이 좋고, 위험을 감수하더라도 많은 이익을 얻고 싶다면 주식이나 채권에 투자하면 돼.

## 봄쌤의 어휘 특강

앞에서 배운 금융 상품에 대해 잘 알아 두면 나중에 큰 도움이 될 거야. 오늘 알게 된 내용을 잊지 않도록 선생님이랑 같이 정리해 보자.

### 다양한 금융 상품

**※ 예금**
- 은행에 돈을 맡기고 이자를 받는 상품.
- 안전성이 높은 대신 큰 수익을 기대하기 어려움.
- 이자율이 정해져 있어 예측 가능한 수익을 얻을 수 있음.

**※ 적금**
- 정해진 기간 동안 일정 금액을 매달 은행에 저축하고 이자를 받는 상품.
- 안전성이 높고, 꾸준히 저축할 수 있어 자산 관리에 유용함.
- 목돈 마련에 유리함.

**※ 주식**
- 주식회사가 사업 자금을 마련하기 위해 투자자에게 돈을 받고 그 증표로 발행한 것.
- 회사가 잘되면 주식의 가격이 올라 높은 수익을 기대할 수 있음.
- 회사가 어려우면 주식의 가격이 크게 내려가 손해를 입을 수 있음.

**※ 채권**
- 기업, 정부, 공공 기관에 돈을 빌려주는 대가로 일정한 이익을 얻을 수 있는 상품.
- 일반적으로 예금이나 적금보다 수익성이 높고, 주식보다 안전한 편임.

## 어휘 확인하기

 어휘에 알맞는 설명을 찾아 선으로 이어 봐.

예금 •   • 정해진 기간 동안 매달 일정한 금액을 저축하고 이자를 받는 상품을 말해.

적금 •   • 은행에 일정한 금액을 한꺼번에 맡기고 이자를 받는 상품을 뜻해.

 오늘 배운 어휘 중 빈칸에 들어갈 알맞은 어휘를 써 봐.

주식회사가 사업 자금을 마련하기 위해 투자자에게 돈을 빌리고 그 증표로 발행한 것을 (　　　　　)이라고 해. 회사가 잘되면 이것의 가격이 올라 사고파는 과정에서 수익을 얻을 수 있고, 높은 배당금을 받을 수 있어.

## 더 알아보기

### 최초의 주식회사는 어디일까?

1602년, 유럽은 새로운 바닷길을 개척하며 무역을 활발히 펼쳤어. 하지만 배를 타고 먼 거리까지 무역을 하려면 막대한 자금이 필요했지. 네덜란드 정부는 투자금을 모으기 위해 투자자를 모집했어. 그렇게 탄생한 회사가 바로 '네덜란드 동인도 회사'야.

네덜란드 동인도 회사는 투자한 금액에 따라 수익을 나누겠다는 증서를 투자자들에게 만들어 줬어. 그게 지금 우리가 아는 '주식'의 시작이야. 당시 네덜란드 동인도 회사의 가치를 오늘날로 따지면, 무려 8조 달러(한화 약 1경 1700조 원)에 달한다고 해. 정말 어마어마한 금액이지?

조셉 멀더, 〈네덜란드 동인도 회사 조선소〉

## 재래시장을 소개합니다

안녕하세요? 오늘 주제인 '좋아하는 장소'에 대해 발표를 맡은 한지성입니다. 지금부터 제가 가장 좋아하는 장소인 재래시장에 대해 소개하겠습니다.

재래시장은 오랜 전통을 가진 시장으로, 예전부터 지역 주민들이 일상에 필요한 물건을 자유롭게 사고파는 장소였습니다. 대부분 매일 열리지만 5일마다 열리는 '오일장' 같은 특별한 형태의 시장도 있죠. 대표적인 재래시장에는 서울시 남대문시장, 성남시 모란민속오일장, 광주광역시 광주양동시장, 부산광역시 국제시장 등이 있어요.

재래시장에서 판매되는 물건들은 대형 마트에 비해 가격이 저렴한 편입니다. 또 농산물이 마트처럼 포장되어 있지 않은 경우가 많아, 직접 살펴보고 원하는 만큼 조금씩 살 수 있습니다.

그러나 가게마다 파는 물건이 다르기 때문에 여러 상점을 돌아다니며 필요한 물건을 찾아야 합니다. 이 과정에서 시간과 노력이 많이 들 수도 있지만, 물건을 구경하는 재미가 있고 상인들과 이야기를 나누면서 지역의 분위기를 느낄 수 있습니다.

여러분도 기회가 된다면 재래시장을 방문해 보세요. 그곳에서만 경험할 수 있는 독특한 매력을 느낄 수 있을 것입니다. 이상으로 재래시장에 대한 발표를 마치겠습니다. 감사합니다!

## 질문하기

나도 예전에 오일장에 가 본 적이 있어. 볼거리가 많아서 재밌었어.

 재래시장에 가면 이것저것 구경하는 재미가 있지. 넓은 의미에서 시장은 어떤 물건을 사고자 하는 사람과 팔고자 하는 사람이 만나서 거래가 이뤄지는 장소를 말해. 재래시장과 백화점처럼 물건을 사고파는 거래 장소가 드러나는 시장을 '**보이는 시장**'이라고 해.

제주시에 위치한 동문재래시장

그럼 반대로 '보이지 않는 시장'도 있겠네?

 맞아! 사고파는 모습이 보이지 않더라도 거래가 이루어지는 시장도 있어. 바로 '**보이지 않는 시장**'이야. 정보 통신 기술이 발달하면서 직접 만나지 않고도 온라인에서 거래를 할 수 있게 되었어. 그래서 지금은 보이지 않는 시장에서 거래가 더욱 활발하게 이루어지고 있지.

혹시 다른 기준으로도 시장을 나눌 수 있어?

 응. 거래하는 상품에 따라 시장을 나눌 수 있어. '**생산물 시장**'은 우리가 생활하면서 필요한 각종 재화나 서비스가 거래되는 시장이야. '**생산 요소 시장**'은 재화와 서비스를 생산하는 데 필요한 노동, 자본, 토지 등의 생산 요소가 거래되는 시장을 말해.

## 봄쌤의 어휘 특강

재래시장과 백화점 말고도 여러 시장이 있네!
자, 그럼 시장의 종류를 다시 한번 살펴볼까?

### 시장의 종류

**★ 보이는 시장**
- 사고파는 사람과 거래하는 상품이 모두 눈에 보이는 시장.
  예) 재래시장, 대형 마트, 백화점 등.

**★ 보이지 않는 시장**
- 거래하는 모습이 구체적으로 드러나지 않는 시장.
  예) 주식 시장, 외환 시장, 인터넷 쇼핑몰 등.
      ↳ 달러, 엔화 같은 외국 화폐가 거래되는 시장.

**★ 생산물 시장**
- 생활에 필요한 재화와 서비스가 거래되는 시장.
  예) 농산물 시장, 축산물 시장, 수산물 시장 등.

**★ 생산 요소 시장**
- 재화와 서비스를 생산하는 데 필요한 노동, 자본, 토지 등의 생산 요소가 거래되는 시장.
  예) 노동 서비스를 거래하는 노동 시장 등.

생선이나 해산물을 사고파는 수산물 시장

일할 사람과 일자리를 구하는 노동 시장

## 어휘 확인하기

 어휘에 대한 설명을 읽고 맞는 것은 O, 틀린 것은 X 표시해 봐.

1. 보이는 시장은 사고파는 사람과 거래하는 상품이 모두 눈에 보이는 시장을 말해. ☐

2. 주식 시장은 거래하는 모습이 구체적으로 드러나지 않아서 보이지 않는 시장에 속해. ☐

 다음 설명을 잘 읽고, 빈칸에 공통으로 들어갈 어휘를 써 봐.

> 시장은 어떤 상품을 거래하느냐에 따라 생산물 시장과 ☐ 으로 나누어질 수 있어. 생산물 시장에서는 생활에 필요한 재화와 서비스가 거래되고 ☐ 에서는 생산에 필요한 노동, 토지, 자본 등이 거래돼.

☐

## 🔍 더 알아보기

### 독점 시장과 과점 시장

'독점 시장'은 단 하나의 공급자가 시장을 지배하는 구조를 말해. 한 기업만이 특정 제품이나 서비스를 제공하여, 다른 기업들은 그 시장에 진입할 수 없어. 소비자는 다른 선택지가 없기 때문에 독점 기업이 제공하는 제품과 가격에 따를 수밖에 없지. 우리나라에서는 정부가 공기업으로 운영하는 전기, 도시가스 등이 독점 시장에 속해.

반면, '과점 시장'은 소수의 기업이 시장을 지배하는 구조야. 예를 들어 우리나라의 통신 서비스 시장은 몇몇 대기업이 대부분 차지하고 있어. 과점 시장에서는 소수의 기업이 서로 경쟁하기도 하고, 때로는 가격을 담합하면서 이윤을 챙겨.

# 28

**핵심 어휘** #수요 법칙  #공급 법칙

교과 연계 ▶ 중2  3-2 시장 가격의 결정

## 왜 아무도 빵을 안 살까?

일기 쓴 사람: 이하나

○○월 ○○일 날씨: 맑음

오늘은 우리 반에서 모의 시장을 열었다. 조원들과 함께 회의를 하면서 어떤 빵을, 얼마에 팔지 이야기 나누었고 나는 최대한 비싸게 빵을 팔자고 제안했다. 빵을 비싸게 팔아야 큰돈을 벌 수 있을 것 같았기 때문이다.

드디어 시장이 열리고 손님들이 모여들었다. 그런데 예상과는 다르게, 아무도 우리 빵을 사지 않았다. 손님들은 빵이 맛있어 보인다며 관심을 주다가도 가격을 듣고는 망설이다가 그냥 지나쳤다. 왜 아무도 우리 빵을 사지 않는 걸까?

모의 시장이 끝난 후, 선생님께서 우리에게 그 이유를 설명해 주셨다. 물건이 잘 팔리려면 사는 사람과 파는 사람의 욕구가 잘 맞아야 한다는 것이다. 그런데 우리 조는 손님들이 생각하는 가격보다 너무 비싼 가격을 매겨서 손님들이 구매를 하지 않은 것이다.

선생님의 말씀을 듣고 나니, 가격을 정할 땐 손님들이 어떻게 느낄지도 생각해야 한다는 걸 깨달았다. 다음 모의 시장에서는 적당한 가격에 빵을 팔아야겠다.

# 질문하기

시장에서는 서로 원하는 게 맞아야 물건이 팔리는 거네!

 맞아. 어떤 상품을 사려고 하는 욕구를 '수요'라고 하고, 특정한 가격에서 구입하고자 하는 상품의 양을 수요량이라고 해. 오른쪽 그래프를 볼까? 상품 가격이 비쌀수록 사는 양은 줄어들고, 저렴할수록 사려는 양이 많아지지.
소비자 입장에서는 물건이 비싸면 사고자 하는 수량이 줄어들겠지? 이러한 현상을 **'수요 법칙'**이라고 불러.

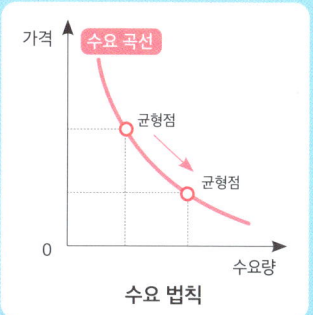

균형점은 사는 사람과 파는 사람이 꼭 맞게 만나는 지점이구나! 그래프로 보니까 이해하기 쉽네. 그럼 공급은 어떻게 움직여?

 어떤 상품을 팔고자 하는 욕구를 '공급'이라고 하고, 특정한 가격에서 팔고자 하는 상품의 양을 공급량이라고 해. 이번에도 그래프를 볼까? 위에서 본 그래프와는 좀 다르게 생겼네. 파는 사람들은 가격이 높을수록 더 많은 이익을 얻는다고 생각해서 공급량을 늘리려고 하거든.
이렇듯 가격이 높을수록 공급량이 증가하고, 가격이 낮을수록 공급량이 감소하는 현상을 **'공급 법칙'**이라고 불러.

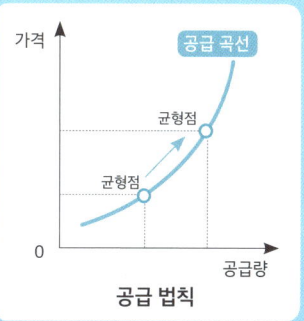

## 봄쌤의 어휘 특강

제니가 다음 모의 시장에서는 빵을 많이 팔았으면 좋겠다! 그럼 수요와 공급에 대해 한번 정리해 볼까?

### 수요와 공급

**★ 수요**
- 어떤 상품을 사고자 하는 욕구.
- 특정한 가격에서 사려고 하는 상품의 양을 수요량이라고 함.

**★ 수요 법칙**
- 가격이 높을수록 수요량이 감소하고 가격이 낮을수록 수요량이 증가하는 현상.

**★ 공급**
- 어떤 상품을 팔고자 하는 욕구.
- 특정한 가격에서 팔고자 하는 상품의 양을 공급량이라고 함.

**★ 공급 법칙**
- 가격이 높아지면 공급량이 증가하고 가격이 낮아지면 공급량이 감소하는 현상.

## 어휘 확인하기

 어휘에 대한 설명을 읽고 알맞은 것에 O 표시해 봐.

1. ( 수요 / 공급 )(이)란 어떤 상품을 사려고 하는 욕구를 말해.
2. 생산자가 소비자에게 어떤 상품을 팔고자 하는 욕구를 ( 수요 / 공급 )(이)라고 해.

 다음 설명이 뜻하는 어휘를 빈칸에 적어 봐.

> 가격이 높을수록 수요량이 감소하고, 가격이 낮을수록 수요량이 증가하는 현상을 말해. 이 현상과 반대로 가격이 높아지면 공급량이 증가하고, 가격이 낮아지면 공급량이 감소하는 현상은 공급 법칙이라고 해.

## 더 알아보기

### 왜 미술품은 비싼 가격에 팔릴까?

2025년 세계에서 가장 비싼 그림으로 기록된 작품은 바로 <살바토르 문디>야. 르네상스 시대의 천재 화가 레오나르도 다빈치의 작품으로 알려지면서 2017년 뉴욕 크리스티 경매장에서 4억 5030만 달러(한화 약 5000억 원)에 낙찰되어 경매 역사상 최고가 기록을 세웠지.

미술품의 가격이 높은 이유는 공급은 적은데 수요가 많기 때문이야. 피카소, 다빈치처럼 세계적인 화가의 작품은 많은 사람이 사고 싶어 하지만 작품 수는 정해져 있으니, 가격이 높아질 수밖에 없지. 게다가 세계적인 미술품은 주로 경매로만 살 수 있는 경우가 많아서, 가격이 더욱 높이 뛰어오르지.

레오나르도 다빈치 추정, <살바토르 문디>

## 29 핵심 어휘 #초과 수요 #초과 공급 #균형 가격

교과 연계 ▶ 중2 3-2 시장 가격의 결정

### 양파 가격 하락에 눈물 짓는 농민들

최근 양파 가격이 떨어지면서 많은 농민이 어려움을 겪고 있습니다. 농민들은 양파가 시장에서 너무 싼값에 거래되기 때문에 이윤이 남지 않는다고 하소연합니다. 이에 수확을 포기하고 양파밭을 갈아엎는 농민들도 늘고 있습니다.

올해 양파 생산량은 작년에 비해 크게 증가했습니다. 농민들은 수확 시기를 놓치면 손해를 보기 때문에 어쩔 수 없이 출하*했지만, 그 결과 시장에 양파가 많아져 가격이 큰 폭으로 떨어진 것입니다.

현재 시장에서 팔리는 양파의 가격으로는, 농민들이 그동안 양파를 키우면서 쓴 생산비, 양파를 판매하는 과정에서 드는 유통비 등을 감당하기 어렵습니다. 오히려 양파를 팔면 팔수록 돈이 나가는 상황입니다. 그래서 농민들은 양파밭을 갈아엎는 것이 경제적으로 낫다며, 급기야 다 키운 양파의 수확을 포기하고 있습니다.

정부는 양파 가격 문제를 해결하기 위해 가격을 조절하는 정책을 검토 중입니다. 하지만 이러한 대책이 효과를 보기까지는 시간이 걸릴 것으로 보입니다.

– 한윤아 기자

*출하: 생산자가 생산품을 시장으로 내보내는 것을 말해요.

## 질문하기

땀 흘려 키운 양파를 포기해야 하다니, 농민들의 상황이 안타까워.

 양파 생산량이 작년에 비해 크게 증가하면서 시장에 양파가 넘쳐 나게 되었네. 이로 인해 공급량이 수요량을 초과하는 '**초과 공급**'이 발생했어. 이처럼 초과 공급이 되면 팔리지 않는 물건은 쌓이고, 가격은 떨어지게 돼.

그렇구나. 그럼 반대로 수요량이 공급량을 초과하는 상황도 일어날 수 있어?

 응. 시장에서 소비자가 구매하려는 양이 생산자가 판매하려는 양보다 많아지는 것을 '**초과 수요**'라고 해. 초과 수요가 발생하면 소비자들은 물건을 사기 위해 경쟁하게 되고 가격은 올라가.

수요자도 좋고 생산자도 좋은 가격으로 맞출 수 없을까?

 그건 수요와 공급이 맞아떨어지면 돼. 오른쪽의 그래프를 살펴볼까? 수요 곡선과 공급 곡선이 만나는 지점이 있지? 이때의 가격을 '**균형 가격**'이라고 해. 수요와 공급이 균형을 이룬 가격이라는 의미야. 이 가격에서 거래되는 상품의 양은 '균형 거래량'이라고 불러. 균형 가격에서는 사려고 하는 양과 팔려고 하는 양이 같기 때문에 사는 사람과 파는 사람 모두 만족할 수 있어.

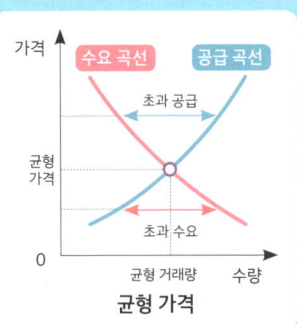

123

## 봄쌤의 어휘 특강

수요량과 공급량이 잘 맞으면 좋겠다, 그렇지?
선생님이랑 오늘 익힌 내용을 꼼꼼히 정리해 보자.

### 시장 가격의 결정

**★ 초과 수요**
- 수요량이 공급량보다 많은 상황.
- 소비자는 비싼 가격을 주고서라도 상품을 사려 해서 상품 가격은 상승함.

**★ 초과 공급**
- 공급량이 수요량보다 많은 상황.
- 생산자는 가격을 내려서라도 남는 상품을 판매하려 해서 상품 가격이 하락함.

**★ 균형 가격**
- 수요량과 공급량이 일치할 때의 가격.
- 균형 가격에서는 수요자와 공급자가 모두 만족함.

**★ 균형 거래량**
- 균형 가격에서 거래되는 상품의 양.
- 소비자가 사려고 하는 양과 생산자가 판매하고자 하는 양이 일치함.

## 어휘 확인하기

 어휘에 알맞은 설명을 찾아 선으로 이어 봐.

초과 수요 •  • 공급량이 수요량보다 많은 상황으로 상품의 가격이 하락할 수 있어.

초과 공급 •  • 수요량이 공급량보다 많은 상황으로 상품의 가격이 상승할 수 있어.

 오늘 배운 어휘 중 빈칸에 들어갈 알맞은 어휘를 써 봐.

시장에서 수요량과 공급량이 일치할 때의 가격을 (　　　　　)이라고 해.
이 가격에서는 파는 사람과 사는 사람 모두 만족스러운 거래를 할 수 있어.

## 더 알아보기

### 최저 가격제와 최고 가격제

정부는 시장 가격이 지나치게 낮거나 높아지는 걸 막기 위해 '최저 가격제'와 '최고 가격제'로 조절해. 최저 가격제는 생산자의 이익을 지키기 위해 가격이 일정 수준 이하로 떨어지지 않게 하고, 최고 가격제는 소비자를 보호하기 위해 가격이 일정 수준 이상으로 오르지 않게 해.

예를 들어 배추의 가격이 너무 낮아지면 정부는 최저 가격을 정해서 농민들의 수익을 보장해 줘. 반대로 가격이 지나치게 오르면, 최고 가격제를 정해 소비자가 적당한 가격에 살 수 있게 하지. 생산자와 소비자 모두를 돕기 위해 정부가 시장 가격에 개입하는 거야.

최저 가격제 덕분에 안심하고 농사를 지을 수 있답니다!

# 30

✅ 핵심 어휘  #대체재  #보완재  #선호도

교과 연계 ▶ 중2  3-3 시장 가격의 변동

## 돼지고기 대신 닭고기를 먹는다고?

오늘 저녁 메뉴는 민수가 가장 좋아하는 삼겹살 구이예요. 민수는 상추에 삼겹살을 올리고 쌈장을 찍어 입에 넣었어요. 씹을수록 돼지고기의 육즙이 느껴져 정말 맛있었어요. 그때 텔레비전에서 뉴스 속보가 들려왔어요.

"경기도의 한 농가에서 구제역이 발생했습니다. 이에 따라 정부는⋯."

구제역은 소나 돼지처럼 발굽이 둘로 갈라진 동물이 걸리는 바이러스성 전염병이에요. 전염성이 매우 강하기 때문에, 이 병에 걸린 동물들을 죽여 땅에 묻거나 태워서 다른 농가로 병이 퍼지는 것을 막아요.

"구제역 때문에 앞으로 달걀과 닭고기의 값이 오르겠어."

엄마가 한숨을 쉬며 말씀하셨어요. 구제역이 발생했는데 왜 돼지고기가 아니라 닭고깃값이 오른다는 걸까요? 궁금해하는 민수에게 엄마가 그 이유를 설명해 주셨어요.

"그건 닭고기가 돼지고기를 대체할 수 있는 식품이기 때문이야."

엄마는 구제역으로 돼지고깃값이 오르면, 사람들이 돼지고기 대신 닭고기 같은 대체재를 더 많이 산다고 하셨어요. 닭고기를 찾는 사람이 많아지면 판매자는 더 비싸게 닭고기를 팔고, 시장에서는 닭고기가 귀해져요. 그러면 닭고깃값도 덩달아 오르게 되는 거예요.

닭고깃값이 오른다니. 삼겹살만큼이나 치킨을 좋아하는 민수는 조금 속상해졌어요.

## 질문하기

민수가 많이 슬프겠다. 닭고깃값까지 오른다니….
그런데 돼지고깃값이 오르면 닭고깃값도 오르는구나?

응. 만약 돼지고깃값이 오르면 소비자들은 대신 사용할 수 있는 재화인 '**대체재**'를 선택하게 돼. 그러면 돼지고기의 대체재인 닭고기의 수요가 증가하고, 닭고기의 가격도 올라갈 수 있어.

아하! 수요에 영향을 미치는 요인에는 또 뭐가 있어?

바로 보완재의 가격이야. '**보완재**'는 함께 소비할 때 더 큰 만족을 얻을 수 있는 재화를 말해. 예를 들어 햄버거와 콜라의 관계를 떠올려 봐. 햄버거를 먹을 때 대부분 콜라를 마시잖아. 그런데 햄버거의 가격이 내려가면 어떨까? 사람들은 햄버거를 더 많이 사 먹을 거고, 보완재인 콜라의 수요도 늘어날 거야.

대체재와 보완재 말고 다른 요인도 있어?

소비자의 '**선호도**'도 수요를 변화시키는 요인이야. 선호란 여럿 가운데서 특별히 가려서 좋아한다는 의미야. 만약 해외여행에 대한 소비자들의 선호도가 높아진다면 어떨까? 여행에 필요한 항공권과 숙박권 등 해외여행과 관련한 상품들이 많이 팔리게 될 거야. 이렇듯 수요를 변화시키는 요인에는 가격 이외에 다양한 것들이 있어.

## 봄쌤의 어휘 특강

우리 주변에서 만날 수 있는 대체재와 보완재에는 무엇이 있을까? 앞에서 배운 내용을 정리하며 함께 생각해 봐.

### 수요의 변화 요인

**✱ 대체재**
- 용도가 비슷하여 서로 대신 바꾸어 쓸 수 있는 재화.
  예) 돼지고기와 닭고기, 콜라와 사이다, 커피와 녹차 등.
- 한 상품의 가격이 상승하면 수요량이 줄어들고 대체재의 수요가 증가함.

**✱ 보완재**
- 함께 사용할 때 더 큰 만족을 얻을 수 있는 재화.
  예) 햄버거와 콜라, 커피와 설탕, 빵과 버터 등.
- 한 상품의 가격이 하락하면 수요량이 늘어나고 보완재의 수요도 증가함.

**✱ 선호도**
- 특정 재화나 서비스를 좋아하는 정도.
- 어떤 상품에 대한 소비자의 선호도가 상승하면 수요가 증가함.
  예) 해외여행이 인기를 끌면, 항공권, 숙박권 등 관련 상품의 수요가 증가함.

## 어휘 확인하기

 어휘에 대한 설명을 읽고 맞는 것은 O, 틀린 것은 X 표시해 봐.

1. 소비자의 선호도가 달라져도 수요는 절대 바뀌지 않아. ☐

2. 돼지고기와 닭고기처럼 용도가 비슷하여 서로 바꾸어 쓸 수 있는 재화를 대체재라고 해. ☐

 다음 설명을 잘 읽고, 빈칸에 공통으로 들어갈 어휘를 써 봐.

☐☐☐는 햄버거와 콜라처럼 각각 소비할 때보다 함께 소비할 때 더 큰 만족을 얻을 수 있는 재화를 말해. ☐☐☐는 한 상품의 수요량이 증가하면, 다른 상품의 수요도 함께 증가한다는 특징이 있어.

☐☐☐

## 🔍 더 알아보기

### 공급에 영향을 미치는 요인들

수요처럼 공급도 여러 가지 요인에 따라 변화할 수 있어. 첫째, 생산 요소의 가격이야. 제품을 생산하는 데 필요한 재료비, 임금 등이 하락하면 생산비가 적게 들어 공급이 늘어날 수 있지. 예를 들어 밀가루 가격이 저렴해지면 과자를 더 많이 만들 수 있는 거야.

둘째, 기술의 발전이야. 생산 기술이 발전하면 같은 비용으로 더 많은 제품을 생산할 수 있어. 예를 들어 아이스크림을 빠른 시간에 더 많이 만들 수 있는 기계가 발명된다면, 아이스크림을 전보다 더 많이 생산할 수 있겠지? 이밖에도 공급자 수, 미래 가격에 대한 예상에 따라서도 공급이 달라지기도 해.

교과 연계 ▶ 중2  4-1 경제 성장과 국내 총생산

# 31 ✅ 핵심 어휘  #경제 성장  #국내 총생산

## 할머니의 옛 사진

여름 방학을 맞아 할머니 댁에 온 서준이는 낡은 앨범을 펼쳐 보다가 한 장의 사진을 발견했어요.

"할머니, 여기 어디예요?"

사진 속엔 좁고 거친 도로, 낮은 건물들, 물가에서 뛰노는 아이들의 모습이

담겨 있었어요. 서준이의 질문에 할머니가 사진을 들여다보며 빙긋 웃었어요.

"여긴 청계천이야. 내가 어릴 땐 이런 모습이었지."

"청계천이요? 지금이랑 완전 딴판이에요! 빌딩도 없고, 길도 울퉁불퉁하고…. 여기가 진짜 서울이라고요?"

할머니가 고개를 끄덕였어요.

"그땐 서울이 지금처럼 크고 화려하지 않았어. 고층 빌딩도 없고, 도로도 제대로 깔리지 않았지. 하지만 사람들은 정겹고 따뜻했단다."

서준이는 신기하다는 듯 사진과 할머니를 번갈아 보았어요.

"옛날 모습이 잘 상상이 안 돼요. 지금 청계천에는 멋진 분수도 생겼잖아요."

"그렇지. 많은 사람이 노력해서 지금처럼 한국이 발전할 수 있었지."

할머니는 서준이의 머리를 쓰다듬으며 미소 지었어요. 서준이는 할머니의 옛 사진을 품에 꼭 안으며, 우리나라가 참 자랑스럽다고 느꼈어요.

## 질문하기

서준이 할머니가 청계천에서 놀던 사진을 보니까 우리나라가 예전에 비해 많이 성장한 것 같아. 뿌듯하다!

 그렇지? 분단과 한국 전쟁을 연이어 겪으면서 병원, 학교뿐만 아니라 주요 산업 시설이 크게 파괴되었고, 사람들은 빈곤에 시달렸어. 하지만 1960년대부터 한국 경제는 옷과 신발, 가방과 같이 부피에 비해 무게가 가벼운 물건들을 만드는 경공업을 중심으로 빠르게 성장했어. 그 뒤 철강, 기계 등 중량이 큰 제품과 석유 화학 같은 화학 물질을 생산하는 중화학 공업이 발달했지. 지금은 반도체와 컴퓨터 등 첨단 기술 산업이 경제 성장의 밑거름이 되고 있어. **'경제 성장'**이란 나라의 생산 능력과 경제 규모가 커지는 것을 의미해.

우리나라의 경제가 얼마나 성장했는지 알고 싶은데… 방법이 없을까?

 한 나라의 경제 규모를 파악하는 데는 여러 방법이 있는데, 대표적인 경제 지표로는 국내 총생산이 있어. **'국내 총생산'**은 일정 기간 동안 한 나라 안에서 새롭게 생산한 최종 생산물의 시장 가치를 모두 더한 거야.

국내 총생산이 증가하면 우리 생활은 어떻게 달라져?

 기업은 더 많은 제품을 생산하기 위해 인력을 늘려. 일하는 사람들이 늘어나서 기업의 이익이 커지면 직원들의 임금도 상승하겠지? 소득이 증가하면 사람들은 자연스럽게 더 많이 소비하고, 소비량에 맞추어 기업은 생산량을 늘리지. 이렇게 경제가 순환하면서 우리 삶의 질은 높아지게 돼.

## 봄쌤의 어휘 특강

앞으로 우리나라가 얼마나 더 경제 성장을 할지 기대된다! 경제 성장과 국내 총생산에 대해 자세히 살펴볼까?

### ✱ 경제 성장
- 한 나라의 생산 능력과 경제 규모가 커지는 것.
- 우리나라는 1960년대 경공업 중심,
  1970년~1980년대 중화학 공업 중심,
  1990년대 첨단 기술 산업 중심으로 경제가 성장함.

### ✱ 국내 총생산(GDP)
- 일정 기간 동안 한 나라 안에서 새롭게 생산한 최종 생산물의 시장 가치를 합한 것.
- 한 나라의 경제 규모를 나타내는 대표적인 경제 지표.
- 보통 1년을 기준으로 하며 우리나라 안에서 외국인이 생산한 것도 포함함.
- 재료로 사용한 중간재는 포함이 안 됨.
  예) 빵을 만드는 과정에서 버터가 들어갔다면, 버터는 중간재에 해당하여 이미 빵 가격에 반영되어 GDP 계산에서 제외됨.
- 시장에서 거래한 상품만 포함함.

경제 성장률: 국내 총생산이 전년도에 비해 얼마나 커졌는지를 나타낸 지표.

$$\frac{\text{올해 GDP} - \text{작년 GDP}}{\text{작년 GDP}} \times 100$$

 어휘에 대한 설명을 읽고 알맞은 것에 O 표시해 봐.

1. ( 국내 총생산 / 경제 성장률 ) 일정 기간 동안 한 나라 안에서 새롭게 생산한 최종 생산물의 시장 가치를 모두 더한 거야.
2. 1970년대에 들어서면서 우리나라는 ( 경공업 / 중화학 공업 ) 중심으로 경제가 성장했어.

 다음 설명이 뜻하는 어휘를 빈칸에 적어 봐.

> 우리나라는 1960년대 이후 경공업을 중심으로 빠르게 이것을 이루었고, 1990년에 이르러서는 첨단 기술 산업을 바탕으로 크게 발전했어. 이것은 한 나라의 생산 능력과 경제 규모가 커지는 것을 뜻하는 말이야.

## 더 알아보기

### 인간 개발 지수란?

국내 총생산은 시장에서 거래되는 상품만 측정하기 때문에 임금을 받지 않는 가사 노동이나 봉사 활동은 국내 총생산에 포함하지 않아. 또한 국민의 행복이나 건강, 교육 수준 등 삶의 질을 반영하지 못한다는 한계가 있지. 따라서 국가가 얼마나 성장했는지 알기 위해선 '인간 개발 지수(HDI)' 같은 다른 경제 지표들을 함께 살펴봐야 해.

인간 개발 지수(HDI)는 국제 연합(UN)이 매년 각 나라의 국민 소득, 교육 수준, 평균 수명 등을 파악하여 국가별 삶의 질을 수치로 나타낸 거야. 2025년 국제 연합이 발표한 보고서에 따르면 우리나라의 인간 개발 지수는 조사 대상 193개 국가 및 지역 가운데 20위에 해당한대.

# 32

✅ **핵심 어휘**  #물가  #물가 지수  #인플레이션

교과 연계 ▶ 중2  4-2 물가 변동과 실업

## 감자값이 너무 비싸!

정연이는 아빠와 함께 오늘 저녁에 먹을 카레 재료를 사러 마트에 갔어요. 주말인데도 마트 안이 제법 한산했어요.

채소 코너로 간 정연이 아빠는 비닐봉지에 감자 세 개를 담아 직원에게 건넸어요. 그러자 직원이 감자의 무게를 잰 뒤 가격표를 붙여 다시 돌려주었지요.

"세상에, 감자값이 또 올랐네요?"

가격표를 본 아빠가 깜짝 놀라며 말했어요.

"요새 물가가 올라서 채소 가격이 다 올랐어요."

직원은 물가 때문에 마트를 찾는 손님들도 많이 줄었다고 했어요. 주변을 둘러보니 물건을 들었다가 가격표를 보고 도로 내려놓는 사람도 보였지요.

"아빠, 물가가 계속 오르면 어떻게 돼요?"

문득 궁금해진 정연이가 아빠한테 물었어요.

"물가가 오르면 사람들의 생활이 힘들어지지. 매달 버는 돈은 똑같은데, 전보다 많은 돈을 내고 물건을 사야 하니까 부담이 커지거든."

"빨리 물가가 떨어지면 좋겠어요. 그럼 지금보다 마트에 사람들이 많아지겠죠?"

아빠가 웃으며 고개를 끄덕였어요. 정연이는 감자와 양파, 당근, 애호박, 돼지고기를 장바구니에 담으며 다음에 마트에 올 땐 손님들로 북적이길 마음속으로 바랐어요.

## 질문하기

물가가 안정되어 마트가 다시 북적였으면 좋겠다. 그런데 물가가 올랐다는 게 무슨 뜻이야?

 **'물가'** 란 시장에서 거래되는 물건들의 가격을 종합해 평균한 값을 말해. 물가의 움직임은 물가 지수로 알 수 있어. **'물가 지수'** 는 물가의 변동을 종합적으로 나타내는 지수로, 기준 시점의 물가를 100이라고 할 때, 비교할 시점의 물가를 숫자로 표시해. 예를 들어 작년 물가가 100이고 올해 물가 지수가 110이라면, 물가가 작년보다 10% 올랐다는 뜻이야.

물가가 안 오르면 좋을 텐데…. 물가는 왜 오르는 거야?

 물가가 오르는 이유에는 여러 가지가 있어. 물건을 만드는 데 필요한 재료나 부품의 가격이 오르면 생산비가 증가해서 물가가 상승할 수 있어. 또한 시중에 유통되는 화폐의 양, 즉 통화량이 많아지는 것도 물가 상승의 원인이야.

물가가 계속해서 올라가면 어떤 일이 벌어져?

 물가가 지속적으로 오르는 현상을 **'인플레이션'** 이라고 해. 인플레이션이 일어나면 같은 금액이어도 전보다 살 수 있는 물건의 양이 줄어들겠지? 그러면 매달 정해진 임금을 받는 사람들의 생활이 어려워져. 일반적으로 인플레이션은 경제 성장에 걸림돌이 되기 때문에, 정부나 기업 같은 경제 주체들이 물가를 안정시키기 위해 노력해야 해.

## 봄쌤의 어휘 특강

물가 상승이 우리 생활에 얼마나 큰 영향을 미치는지 잘 알았지? 선생님이랑 함께 배운 내용을 다시 정리해 보자.

### 물가 변동

**＊ 물가**
- 시장에서 거래되는 여러 상품의 가격을 종합해 평균 낸 값.
- 물가가 얼마나 움직였는지 물가 지수를 통해 알 수 있음.

**＊ 물가 지수**
- 해마다 변하는 물가를 한눈에 비교하기 쉽도록 기준 시점의 물가 수준을 100으로 정해 물가의 변동을 종합적으로 나타낸 지수.
  예) 올해 물가 지수가 110이라면 기준 연도에 비해 물가가 10% 상승했다는 것을 의미함.

**＊ 인플레이션**
- 물가가 지속적으로 상승하는 현상.
- 인플레이션이 발생하면 화폐의 가치가 떨어져서 같은 금액으로 살 수 있는 재화와 서비스의 양이 줄어듦.
- 매달 일정한 임금을 받는 사람들의 생활이 어려워짐.

## 어휘 확인하기

 어휘에 알맞는 설명을 찾아 선으로 이어 봐.

물가 • • 재화와 서비스처럼 시장에서 거래되는 여러 상품의 가격을 종합하여 평균한 값을 말해.

물가 지수 • • 기준 시점의 물가 수준을 100으로 설정해 물가의 변동을 종합적으로 나타낸 지수야.

 오늘 배운 어휘 중 빈칸에 들어갈 알맞은 어휘를 써 봐.

물가가 지속적으로 오르는 현상인 (　　　　　)이 발생하면 화폐의 가치가 떨어져 같은 금액으로 살 수 있는 물건의 양이 줄어들어. 전에는 2000원이던 빵도 물가가 계속 올라서 이것이 발생하면 값이 4000원, 5000원이 될 수도 있어.

## 더 알아보기

### 짐바브웨의 '억' 소리 나는 초인플레이션

2000년대 초, 아프리카 중남부 국가인 짐바브웨는 경제 위기를 해결하려고 화폐를 마구 찍어 냈어. 통화량이 늘자 화폐의 가치는 빠르게 떨어졌고, 물가가 상승했어. 인플레이션을 넘어 초인플레이션이 일어난 2008년에는 달걀 3개의 값이 무려 1000억 짐바브웨 달러에 이를 정도였지. 경제가 붕괴되자 짐바브웨 국민의 대다수는 극심한 빈곤에 시달렸어.

짐바브웨 정부는 화폐 개혁을 시도하며 경제를 회복하기 위해 노력했지만 여전히 경제적 어려움을 겪고 있어.

짐바브웨에서 사용되었던 지폐

## 33 ✅핵심 어휘 #경기적 실업 #구조적 실업 #마찰적 실업 #계절적 실업

교과 연계 ▶ 중2  4-2 물가 변동과 실업

# 재원 씨의 마지막 출근

재원 씨는 아르바이트에 가기 위해 옷을 입던 중 알림 소리를 듣고 휴대폰을 확인했어요. 화면에는 사장님에게서 온 메시지가 떠 있었어요.

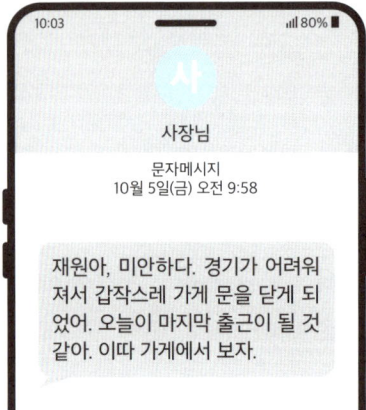

메시지를 확인한 재원 씨는 순간 멍해졌어요. 몇 번이나 다시 메시지를 읽었지만 실감이 나지 않았어요.

"정말 가게 문을 닫는다고?"

요즘 손님이 많이 줄어든 건 재원 씨도 알고 있었어요. 몇 달 전만 해도 점심시간마다 사람들로 북적였는데, 요즘은 몇 명만 찾고 있어요. 거리 분위기도 예전과 같지 않았고, 매사 긍정적이던 사장님도 장사가 잘되지 않는다며 근심 어린 표정으로 한숨을 내뱉곤 했지요.

"그래도 이렇게 문을 닫을 줄은 몰랐는데…."

대학교를 막 졸업한 재원 씨는 취업이 되지 않아 아르바이트를 하며 지내고 있었는데, 이제 그 일마저 못 한다니 앞길이 막막했어요.

재원 씨는 크게 숨을 들이마시며 마음을 다잡았어요. 친절하게 대해 준 사장님과 같이 일한 동료들을 생각해서 끝까지 열심히 해야겠다고 다짐했어요.

"괜찮아. 아르바이트 자리는 또 구하면 되지, 뭐."

## 질문하기

재원 아저씨가 꼭 다시 일자리를 찾았으면 좋겠어.

 응! 재원 아저씨가 하루빨리 실업 상태에서 벗어나길 응원하자. 재원 아저씨처럼 일하고 싶은 마음과 능력이 있는데도 일자리를 갖지 못한 상태를 '실업'이라고 하는데, 갑작스럽게 실업을 하게 되면 소득이 사라져서 경제적 어려움을 겪을 수 있어.

그런데 실업은 왜 일어나는 거야?

 실업이 발생하는 원인은 다양해. 재원 아저씨가 일하던 식당이 폐업한 것처럼, 경제 상황이 나빠져서 발생하는 실업을 **'경기적 실업'**이라고 해. 경제가 안 좋으면 기업은 새로운 직원을 뽑지 않거나 일하던 사람을 줄이지.
또한 기술이 발달하거나 산업 구조가 변하면서 생기는 **'구조적 실업'**이 있어. 예를 들어 1980년대만 해도 버스 안내양이라는 직업이 있었어. 하차 장소를 안내하며 출입문을 열고 닫는 일을 했지. 그런데 하차 벨과 자동문이 도입되면서 이 직업은 자연스럽게 사라졌지.

다른 일을 찾으려고 스스로 그만두는 것도 실업이라고 할 수 있어?

 응. 더 나은 일자리를 찾으려고 다니던 직장을 그만둘 때 발생하는 **'마찰적 실업'**도 실업에 포함돼. 또한 계절에 따라 일자리가 없어지면서 실업이 발생하기도 하는데, 이러한 실업을 **'계절적 실업'**이라고 해. 예를 들어 여름에는 스키장을 운영하지 않아 스키 강사가 일자리를 잃을 수 있어.

## 봄쌤의 어휘 특강

실업이 발생하는 데 여러 가지 이유가 있네. 그럼 오늘 알게 된 내용을 선생님이랑 다시 살펴볼까?

### 실업의 유형

**① 경기적 실업**
- 경제 상황이 나빠져서 기업이 고용을 줄이면서 발생하는 실업.
  예) 1929년 미국의 경제 대공황으로 사람들이 일자리를 잃음.

**② 구조적 실업**
- 산업 구조의 변화나 기술 발달로 일자리가 사라져 발생하는 실업.
  예) 신발 공장에 자동화 시스템이 도입되어 직원들이 해고됨.

**③ 마찰적 실업**
- 직장을 그만두고 새로운 일자리를 찾는 과정에서 발생하는 실업.
  예) 월급을 더 많이 주는 일자리를 구하기 위해 회사를 그만둔 직장인.

**④ 계절적 실업**
- 계절의 변화에 따라 발생하는 실업.
  예) 건설 현장은 추위로 작업 효율이 떨어져 혹한기에는 공사가 중단되기도 함.

## 어휘 확인하기

 어휘에 대한 설명을 읽고 맞는 것은 O, 틀린 것은 X 표시해 봐.

1. 특정 계절이나 시기에만 발생하는 실업을 '경기적 실업'이라고 해.

2. '마찰적 실업'은 현재 다니던 직장을 그만두고 새로운 일자리를 찾는 과정에서 발생하는 실업을 말해.

 다음 설명을 잘 읽고, 빈칸에 공통으로 들어갈 어휘를 써 봐.

> [　　　　]이란 산업 구조의 변화나 기술 발달로 일자리가 사라지면서 생기는 실업이야. [　　　　]의 사례로는 버스 안내양이 있어. 버스에 하차 벨과 자동문 시스템이 도입되면서, 하차 장소를 안내해 주고 문을 여닫는 일을 하던 버스 안내양은 더는 필요 없게 되었어.

## 더 알아보기

### 실업 문제를 해결하려면 어떻게 해야 할까?

실업률을 낮추기 위해 정부가 다양한 정책을 마련할 수 있어. 예를 들어 기업이 새로운 직원을 채용할 때 세금 혜택을 제공하거나, 직업 훈련 프로그램으로 실업자에게 필요한 기술을 가르쳐 줄 수 있어. 직장을 잃은 사람들에게 보조금을 지원하는 방법도 있지.

또한 기업에서는 복지를 확대하고 근무 환경을 개선하여 직원들이 안정적으로 직장에 다닐 수 있도록 도와야 해. 새로운 제품이나 서비스를 개발하여 더 많은 일자리를 만드는 것도 기업의 중요한 역할이야.

# 34

✅ **핵심 어휘**  #국제 거래  #환율  #외화

교과 연계 ▶ 중2  4-3 국제 거래와 환율

## 달러로 바꿔 주세요!

일기 쓴 사람: 이시은

○○월 ○○일 날씨: 맑음

오늘 아빠를 따라 은행에 갔다. 다음 주에 미국으로 가족 여행을 떠나는데, 미국 돈인 달러가 필요하기 때문이다. 은행에 도착하자 아빠가 환율에 대해 이야기해 주셨다. 환율이란 자국 화폐와 외국 화폐의 교환 비율이라고 한다. 오늘 환율은 1달러에 1400원이었다. 1달러를 사려면 우리나라 돈 1400원을 주어야 한다는 뜻이다.

아빠는 환율이 어떻게 바뀌는지 설명해 주셨다. 미국의 경제 상황이나 중요한 뉴스에 따라 달러의 값이 오르거나 떨어진다고 한다. 이렇게 환율은 매일 변하기 때문에 여행 전에 미리 알아보고 바꾸는 것이 좋다고 하셨다.

아빠가 나에게 직접 달러로 바꿔 보라며 5만 원을 주셨다. 번호표를 뽑고 기다리자 드디어 내 차례가 왔다. 나는 은행 직원에게 5만 원을 내밀며 달러로 바꿔 달라고 부탁드렸다.

아빠는 오늘 바꾼 달러가 미국 여행 때 내가 쓸 용돈이라고 말씀하셨다. 내가 바꾼 달러로 맛있는 간식을 사 먹어야지! 미국 여행이 정말 기대된다.

## 질문하기

나도 부모님과 함께 은행에 가서 환전을 한 적이 있어! 우리나라 돈을 외국 돈으로 바꾸니까 신기했어.

외국으로 여행을 갈 땐 그 나라의 화폐가 필요해. 그래서 사람들은 은행에서 돈을 환전하지. 이때 두 나라의 화폐가 교환되는 비율을 '**환율**'이라고 불러. 환율은 우리나라와 세계의 경제 상황에 따라 오르기도 하고 내리기도 해. 환율이 올랐다는 것은 외국의 돈, 다시 말해 '**외화**'의 가격이 비싸졌다는 뜻이야. 이는 우리나라 돈의 가치가 떨어졌다는 것과 같아.

해외 환전소를 이용하는 관광객들

환율은 어떻게 결정돼?

환율은 외화의 수요와 공급에 따라 결정돼. 외화 수요가 많아지면 외화 가치가 상승하므로 환율이 오르게 돼. 반대로 외화 공급이 증가하면 외화 가치가 떨어지므로 환율이 내리게 되지.

아, 그렇구나. 요즘은 외화를 쓸 일이 참 많은 것 같아.

맞아. 그 이유는 국제 거래가 늘어났기 때문이야. '**국제 거래**'는 국가 간에 이루어지는 거래를 말해. 다른 나라에 물건을 파는 것은 수출이고, 반대로 사는 것은 수입이라고 해. 그런데 다른 나라와 국제 거래를 하려면 그 나라의 화폐가 필요하겠지? 그래서 외화를 사용하는 경우가 많아졌고, 환율도 중요해졌어.

## 봄쌤의 어휘 특강

여행을 가게 된다면 미리 환율을 알아보면 좋겠지? 그럼 국제 거래와 환율에 대해 다시 정리해 보자.

### 국제 거래와 환율

**✱ 국제 거래**
- 국가 간에 이루어지는 거래.
- 재화와 서비스뿐 아니라 자본, 노동, 기술 등도 국제 거래를 함.

**✱ 환율**
- 한 나라의 돈을 다른 나라의 돈으로 바꿀 때의 교환 비율.
  예) 미국 1달러를 우리나라 1400원과 바꾼다면, '1400(원/달러)'로 표시함.

**✱ 외환**
- 외국의 돈.
- 환율은 외환의 수요와 공급에 의해 결정됨.
- 외화의 수요는 외화가 해외로 나가는 것을 의미함.
  예) 우리나라 국민의 해외여행, 외국에서 상품을 사는 경우 등.
    → 외화의 수요가 많아지면 환율이 오름.
- 외화의 공급은 외화가 국내로 들어오는 것을 의미함.
  예) 외국인 관광객의 국내 여행, 외국인의 국내 투자 등.
    → 외화의 공급이 많아지면 환율이 떨어짐.

## 어휘 확인하기

 어휘에 대한 설명을 읽고 알맞은 것에 O 표시해 봐.

1. ( 국제 거래 / 국내 거래 )는 국가 간 이루어지는 거래로 자본, 노동, 기술 등도 이 거래의 대상이야.

2. 우리나라 돈을 외국 돈으로 바꿀 때 두 나라의 교환 비율을 ( 환율 / 물가 )(이)라고 해.

 다음 설명을 잘 읽고, 빈칸에 공통으로 들어갈 어휘를 써 봐.

> ☐ 란 외국의 돈을 뜻하는 단어야. 외국인이 우리나라로 여행을 와서 돈을 쓰거나 외국인이 국내에 투자를 하는 경우, ☐ 의 공급이 늘어나 환율이 떨어져. 환율이 떨어진다는 것은 우리나라 돈의 가치가 상승한다는 의미야.

☐

## 🔍 더 알아보기

### 국제 거래에서 주로 사용되는 화폐는 무엇일까?

국제 거래를 할 때마다 거래하는 나라의 돈으로 바꿔야 한다면 너무 복잡하고 힘들겠지? 그래서 국제 거래를 할 때 주로 사용되는 화폐가 있어. 가장 많이 쓰이는 화폐는 미국의 달러화야. 그다음으로 유럽 연합의 화폐인 유로화와 일본의 엔화가 많이 사용돼. 이 순위는 경제 규모나 안정성, 국제 거래를 얼마나 하는지에 따라 결정되지.

우리나라는 미국과 활발하게 거래하기 때문에 달러 환율에 민감할 수밖에 없어. 환율이 오르면 수입 비용도 더 들어서, 그만큼 우리나라 경제에 타격이 갈 수 있거든.

세계 각국의 화폐들

# 35

✅ 핵심 어휘  #국제 사회  #외교  #다국적 기업

교과 연계 ▶ 중2   5-1 국제 사회의 특징

## 뜨거운 지구는 이제 그만!

안녕하세요. 제 이름은 황서준입니다. 오늘은 지구의 온도를 낮추는 일이 왜 중요한지, 변화를 만들기 위해서 우리가 어떤 노력을 해야 하는지 발표하겠습니다.

현재 지구의 온도는 계속 올라가고 있습니다. 빙하가 녹아 해수면이 상승하면서 바닷가 지역은 물에 잠길 위험에 놓여 있고, 무더위와 폭염이 길어지고 있습니다. 이러한 지구 온난화 문제 해결을 위해 국제 사회는 2015년 '파리 협정'을 채택했습니다.

파리 협정은 지구의 평균 기온이 산업화가 시작되기 전보다 2도 이상 올라가지 않도록 하고, 가능하면 1.5도 이하로 막는 것을 목표로 합니다. 이에 따라 파리 협정에 참여한 국가들은 온실가스를 줄이기 위한 대책을 세우고 있습니다.

그렇다면 온실가스를 줄이기 위해 어떤 노력을 해야 할까요?

첫째, 에너지를 아껴 써야 합니다. 쓰지 않는 전등은 끄고, 에너지 효율이 높은 가전제품을 사용합니다. 둘째, 대중교통을 이용하는 습관을 길러야 합니다. 자동차 대신 버스나 지하철을 이용하면 지구 온난화를 일으키는 온실가스 배출을 줄일 수 있습니다. 셋째, 나무를 심고 자연을 가꿔야 합니다. 나무는 대표적인 온실가스인 이산화 탄소를 흡수하고, 공기도 깨끗하게 만들어 줍니다.

온실가스의 배출을 줄이는 일은 모두의 미래를 위해 중요합니다. 다 같이 힘을 합쳐서 지구를 지키기 위해 노력합시다!

## 질문하기

지구 온난화가 진짜 심각한 문제구나….

 지구 온난화는 한 국가나 지역만의 문제가 아니라, 전 세계 모든 나라와 지역에 영향을 미치고 있는 문제거든. 그래서 여러 나라가 서로 영향을 주고받으며 공존하는 **'국제 사회'**가 협력해야 지구 온난화 같은 환경 문제를 해결할 수 있어.

국제 사회에는 누가 참여해?

 국제 사회에 참여하는 주체로는 국가가 있어. 국가는 다른 나라보다는 자국을 먼저 생각하며 외교 활동을 해. 여기서 **'외교'**란 국제 사회에서 한 국가가 다른 나라와 관계를 맺으며 자국의 이익을 평화적으로 실현하고자 하는 모든 활동을 말해.

국가 말고 국제 사회에 참여하는 다른 주체도 있어?

 **'다국적 기업'**을 소개해 줄게. 다국적 기업은 여러 나라에 자회사, 제조 공장 등을 설립해 전 세계적으로 제품을 생산하고 판매하는 기업을 말해. 본사는 본국에 있지만 생산 공장이나 연구소는 해외에 위치한 기업이지. 세계화에 따라 다국적 기업의 영향력은 점점 커지고 있어.

## 봄쌤의 어휘 특강

국제 사회가 잘 협력해서 환경 문제를 해결했으면 좋겠다! 선생님이랑 같이 오늘 배운 내용을 다시 알아볼까?

### 국제 사회의 의미

**\* 국제 사회**
- 여러 국가가 서로 영향을 주고받으며 공존하는 사회.

### 국제 사회의 참여 주체 1

**\* 국가**
- 가장 기본적인 참여 주체.
- 독립적인 주권을 가지고 있음.
- 여러 국제기구에 가입하여 활동함.
- 자국의 이익을 위해 **외교** 활동을 함.
  ↳ 국제 사회에서 한 국가가 자국의 이익을 평화적으로 실현하고자 하는 모든 활동.

**\* 다국적 기업**
- 세계 여러 나라에 자회사, 공장 등을 설립하여 세계적으로 생산과 판매 활동을 하는 기업.
- 세계화에 따라 다국적 기업의 영향력이 확대됨.

## 어휘 확인하기

 어휘에 알맞는 설명을 찾아 선으로 이어 봐.

국제 사회 • • 세계 여러 나라가 영향을 주고받으며 공존하는 사회를 말해.

다국적 기업 • • 세계 여러 나라에 자회사, 공장 등을 설립하여 생산과 판매를 하는 기업을 말해.

 오늘 배운 어휘 중 빈칸에 들어갈 알맞은 어휘를 써 봐.

국제 사회에서 한 국가가 다른 나라와 관계를 맺으며 자국의 이익을 평화적으로 달성하고자 하는 모든 활동을 의미하는 (　　　　　)는 정치, 경제, 문화 등 여러 분야에서 활발하게 이루어지고 있어.

## 더 알아보기

### 갈등과 협력 사이, 국제법의 역할

국가는 자국의 이익을 위해 움직이기 때문에 이해관계에 따라 갈등이 생길 수 있어. 예전에는 사이가 좋았던 국가가 한순간에 적이 되기도 해. 예를 들어 러시아와 우크라이나는 과거에 협력 관계였지만, 영토 문제 때문에 전쟁을 치르게 됐지.

하지만 국제 사회에 갈등만 있는 것이 아니야. 기후 변화처럼 모든 나라가 함께 해결해야 하는 문제 앞에서는 협력하지. 특히 '기후 변화 협약' 같은 국제법은 국가 간 합의에 따라 만들어진 규범이자 약속이야. 따라서 국제 질서를 유지하려면 힘의 논리보다, 국제법을 바탕으로 갈등을 해결하려는 태도가 필요해.

2015년 파리 협정을 채택하는 각국 대표들

## 국제 연합에서 일하고 싶어요!

내 꿈은 국제 연합에서 일하는 거예요. 국제 연합은 제2차 세계 대전 이후 전쟁을 방지하고 세계 평화를 유지하기 위해 만들어진 국제기구예요. 모든 사람의 인권과 자유를 지키는 역할도 하고 있지요.

현재 세계에는 전쟁, 가난, 차별, 기후 변화 등 여러 문제가 있어요. 이런 문제를 해결하려면, 국제 연합 같은 국제기구의 도움이 꼭 필요해요. 그래서 나는 언젠가는 국제 연합에서 일하며 세상을 더 좋은 곳으로 바꾸어 나가고 싶어요.

국제 연합에서 일하려면 다른 나라의 일에도 관심을 기울여야 하고, 외국어 공부도 열심히 해야 한대요. 그래서 요즘은 날마다 뉴스를 챙겨 보며 세계 곳곳에서 일어나는 사건과 문제들을 기록하고, 정리하고 있어요. 정치, 경제, 사회 등 분야를 가리지 않고 다양한 주제를 공부하며 지구촌에서 벌어지는 일을 어떻게 해결하면 좋을지 고민해요.

얼마 전에는 청소년 센터에서 운영하는 환경 동아리에 가입했어요. 환경이 더 나빠지지 않도록 보호하는 것도 국제 연합이 하는 중요한 일이니까요. 이렇게 지식과 경험을 차곡차곡 쌓으며 노력하다 보면 언젠가 내 꿈을 이룰 수 있겠죠?

세계 무대에서 일하는 그날을 기다리며, 오늘도 화이팅!

## 질문하기

국제 연합에서 일하고 싶다니, 정말 멋진 꿈이야! 국제 연합에 대해 더 알려 줘.

 국제 연합(UN)은 국제 평화와 안전을 유지하고, 국가 간의 협력을 돕기 위해 1945년에 설립된 국제기구야. 지금까지 193개국이 회원국으로 가입했지. 국제 연합 안에는 다양한 전문 기구가 있어. 코로나19 때 큰 역할을 했던 '세계 보건 기구(WHO)'도 국제 연합에 속해.

국제 연합 상징 로고

국제 연합 같은 국제기구에는 또 뭐가 있어?

 경제 협력 개발 기구(OECD)가 있어. 경제 협력 개발 기구는 국가 간의 경제 정책을 조정하고 무역 문제를 해결하고 있어. 국제 연합과 경제 협력 개발 기구 모두 각국의 정부를 회원으로 하는 **'정부 간 국제기구'**로 국제 사회에서 발생하는 문제들을 해결하기 위해 각 국가가 모여 만든 국제기구야.

그러면 국제기구는 정부끼리만 모여서 만드는 거야?

 아니야. 개인이나 민간단체가 만든 **'국제 비정부 기구'**도 있어. 국제 비정부 기구는 환경, 보건, 인권 등 여러 분야에서 국경을 넘어 활발하게 활동해. 대표적인 예로는 분쟁 지역에 의료 지원을 하는 '국경 없는 의사회', 인권 보장을 위해 활동하는 '국제 엠네스티', 환경 보호 운동을 하는 '그린피스' 등이 있어.

## 봄쌤의 어휘 특강

국제기구는 국제 사회 문제에 큰 역할을 하는 것 같아. 지난 시간에 이어 국제 사회의 참여 주체를 정리해 보자.

### 국제 사회의 참여 주체 2

**＊ 정부 간 국제기구**
- 각 나라의 정부를 회원으로 하는 국제기구.
  - 예) 국제 연합(UN): 국제 평화와 안전을 유지하고 경제, 사회, 문화에 관한 국제 협력을 달성하기 위해 만들어진 단체.
  - 경제 협력 개발 기구(OECD): 국가 간 경제 정책 조정, 개발 도상국에 대한 경제적 지원, 무역 분쟁 해결 등을 위해 만들어진 단체.

**＊ 국제 비정부 기구**
- 정부와 관계없이 개인이나 민간단체가 모여 조직한 기구.
- 주로 인권, 환경 보건 등의 문제를 해결하기 위해 활동함.
  - 예) 국경 없는 의사회: 분쟁 지역과 재난 지역에서 의료 지원을 제공하며 도움을 주는 단체.
  - 국제 엠네스티: 전 세계의 인권 보호를 위해 활동하는 기구.
  - 그린피스: 환경 보호와 지속 가능한 발전을 위해 활동하는 기구.

### 어휘 확인하기

 어휘에 대한 설명을 읽고 맞는 것은 O, 틀린 것은 X 표시해 봐.

1. 경제 협력 개발 기구는 각 나라의 정부를 회원으로 하는 정부 간 국제기구야. ☐

2. 국제 연합은 산하에 다양한 전문 기구들을 두고 있는데, 세계 보건 기구도 여기에 속해. ☐

 다음 설명을 잘 읽고, 빈칸에 공통으로 들어갈 어휘를 써 봐.

> 정부와는 독립적으로 개인이나 민간단체가 모여 조직한 기구를 ☐ 라고 해. 재난 지역에 의료 지원을 하는 국경 없는 의사회가 ☐ 에 속해.

☐

### 더 알아보기

**도움을 받는 나라에서 도움을 주는 나라로**

1950년, 한국 전쟁이 발발하자 국제 연합은 즉시 군대를 파견했어. 전쟁이 끝난 후에는 필요한 물자를 보내 주며, 파괴된 국토를 복구할 수 있도록 도왔지. 이 덕분에 대한민국은 빠르게 경제 성장을 이루었고, 1996년에는 경제 협력 개발 기구에 가입하며 선진국 대열에 들어섰어. 이제 대한민국은 국제 사회에서 중요한 역할을 하고 있어. 다른 나라에 재난이 발생하면 긴급 구호 물품과 재정을 지원하지. 또한 아프리카와 아시아의 여러 국가에 교육, 의료, 농업 기술 등을 제공하여 개발 도상국의 발전에 도움을 주고 있어.

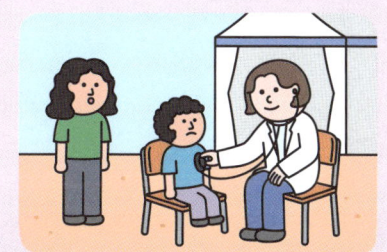

## 마무리하기

 여기까지 오느라 고생했어. 그런데 말이지, 헤어지기 전에 우리가 배운 걸 진짜 다 이해했는지 확인해 보고 싶지 않아?
마지막으로 준비한 종합 문제를 풀어 볼까?

또 문제야? 머리가 이미 꽉 찼다고~.
이건 반칙이지!

문제가 뭔데? 어렵진 않겠지?

 걱정 마! 지금까지 우리가 배운 내용을 쓱 훑어보면 금방 풀 수 있어. 틀려도 괜찮고, 맞히면 멋진 마무리가 될 거야! 준비됐지?

후우~ 벌써부터 손에 땀이 나네.

좋아, 내가 몇 개나 맞히는지 지켜봐!

1. 칠판에 정리한 요점 정리를 읽고 빈칸을 채워 봐.

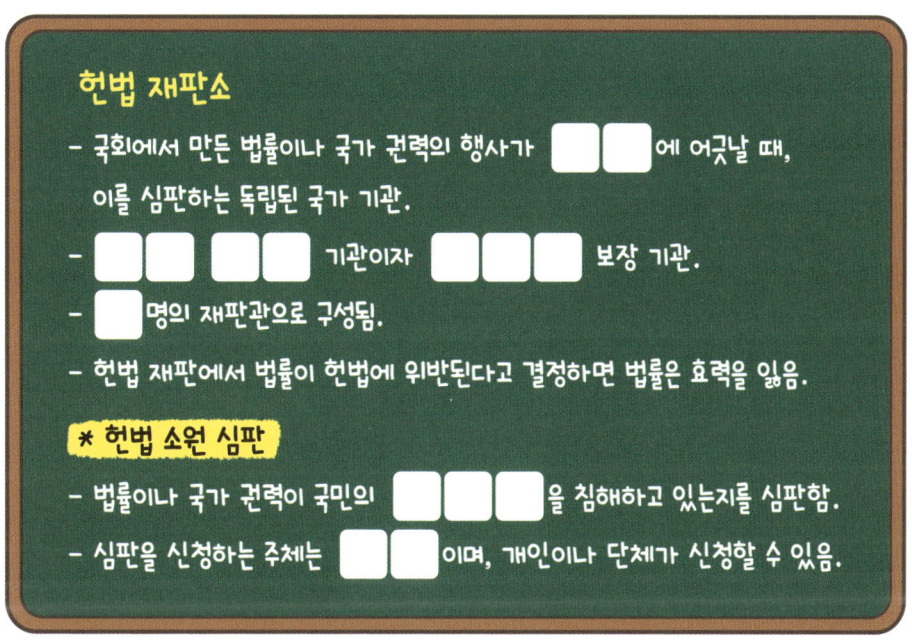

 2. 빈칸에 들어갈 알맞은 어휘를 써서 표를 완성해 봐.

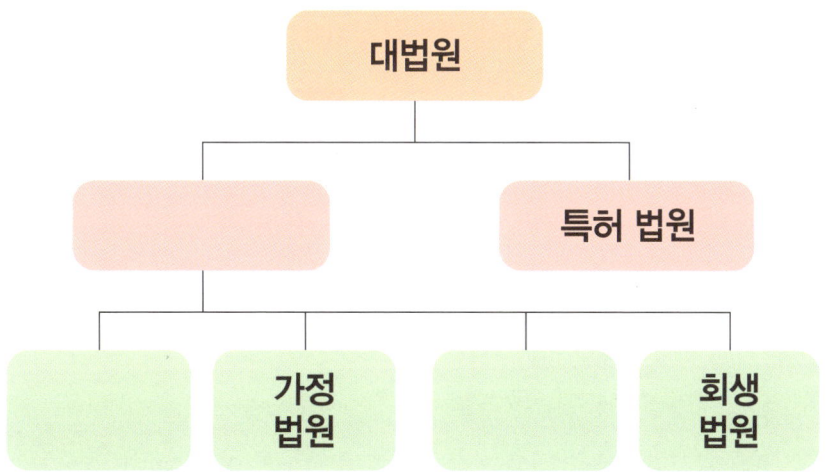

3. 아래 글을 읽고 알맞은 어휘를 보기 에서 골라 써 봐.

**보기**

초과 수요 　 초과 공급 　 균형 가격 　 최저 가격제

농부가 양파를 너무 많이 수확하면 (　　　　　)이 생기고, 가격은 내려가요.
정부가 농민을 보호하기 위해 양파값을 일정 수준 이상으로
못 내리게 하는 것을 (　　　　　)라고 해요.

4. 설명을 읽고 해당하는 정치 주체를 찾아 ✓ 표시해 봐.

① 기후 위기를 막기 위해 모인 청소년들이 정부에 요구서를 냈어요.
　　□ 정당　□ 언론　□ 시민 단체　□ 국가 기관

② 국회, 정부, 법원처럼 공식적으로 정책을 집행하는 정치 주체예요.
　　□ 정당　□ 개인　□ 국가 기관　□ 언론

③ 신문, 방송, 인터넷을 통해 정보를 제공하고 여론을 형성해요.
　　□ 시민 단체　□ 정당　□ 언론　□ 국가 기관

5. 주민 참여 예산제를 활용한다면, 우리 지역을 위해 어떤 제안을 하고 싶은지 써 봐.

**예시**

우리 동네는 어린이들이 뛰어 놀 생태 놀이터가 부족해요. 그래서 친구들과 함께 의견을 모아서 놀이터를 만들어 달라고 하고 싶어요.

6. 설명을 읽고 맞는 것은 O, 틀린 것은 X 표시해 봐.

① 인권을 지키려면 다른 사람의 권리는 생각하지 않아도 된다. ☐

② 아이들은 태어날 때부터 인권을 가지고 태어난다. ☐

③ 인권의 소중함을 알고 작은 부분에서도 인권을 고려해야 한다. ☐

④ 기본권이 침해되어도 국가에 일정한 행위를 요구할 수 없다. ☐

⑤ 국가의 의사 결정에 참여할 수 있는 권리를 참정권이라고 한다. ☐

7. 아래 설명을 읽고, 앞에서 배운 평등권과 자유권을 내 생활에 적용한다면 나는 어떻게 행동할지 써 봐.

> 반장 후보 중 한 명인 민수는 휠체어를 타고 다녀요. 일부 아이들은 "너무 느려서 반장을 하기엔 힘들 것 같아."라고 말하며 민수를 뽑지 않겠다고 했어요. 민수는 "나도 반장이 될 권리가 있어."라고 말했어요.

평등권과 자유권을 배우고 난 뒤, 나는 이렇게 생각했어요.

## 정답

**01 고대 아테네의 민주주의**
1. 간접 민주주의 2. 직접 민주주의
민주주의

**02 바스티유를 습격하다!**

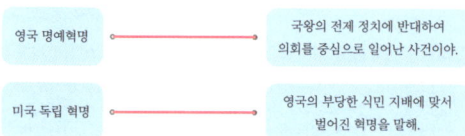

( 프랑스 혁명 )

**03 프랑스 국기에 숨은 비밀?**
1. O 2. X
평등

**04 북튜버 다다의 책을 읽어 드립니다!**
1. 국민 자치의 원리 2. 입헌주의의 원리
권력 분립의 원리

**05 소중한 한 표, 누구에게 투표할까?**

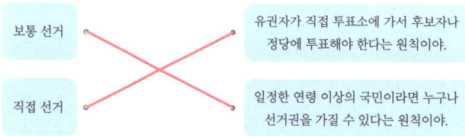

(비밀 선거)

**06 녹색소비자연대를 소개합니다!**
1. X 2. O
이익 집단

**07 군수 출마를 선언합니다!**
1. 기초 자치 단체 2. 광역 자치 단체
지방 자치

**08 우리 동네의 특별한 날**

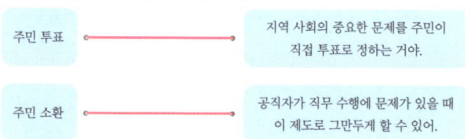

( 주민 참여 예산제 )

**09 중학생도 결혼할 수 있을까?**
1. O 2. X
민법

**10 치킨에 이물질이?**
1. 노동법 2. 사회 보장법
경제법

**11 모의재판 시나리오**

( 형사 재판 )

**12 살구색으로 칠해 주세요!**
1. O 2. X
천부 인권

**13 '노 키즈 존'이 기본권을 침해한다고?**
1. 평등권 2. 자유권
사회권

**14 일제 강점기 최초의 여성 노동 운동가, 강주룡**

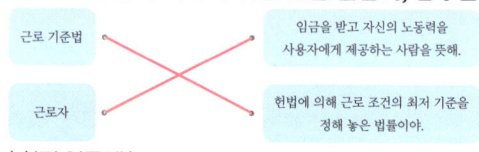

( 최저 임금제 )

**15 마크와 함께하는 특별한 하루!**
1. O 2. X
법률안 거부권

**16 영국 웨스터민스터 가이드 투어**
1. 입법부 2. 내각 불신임권
의회 해산권

**17 국무총리가 뽑히다!**

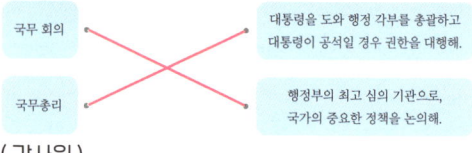

( 감사원 )

**18 국회 의사당에 로봇가?**
1. X 2. O
입법

## 19 국회 의원을 만나다!
1. 지역구 의원  2. 비례 대표 의원
[ 본회의 ]

## 20 대통령도 쫓겨날 수 있다고?
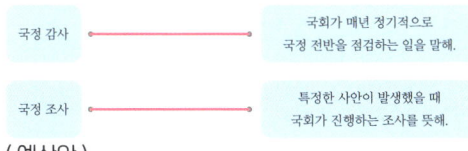
( 예산안 )

## 21 대법원 가는 날
1. O  2. X
[ 고등 법원 ]

## 22 같은 성씨는 결혼할 수 없었다고요?
1. 위헌 법률 심판  2. 헌법 소원 심판
[ 헌법 재판소 ]

## 23 헌법 재판관을 만나다!
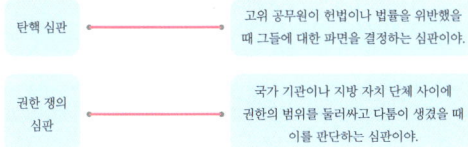
( 정당 해산 심판 )

## 24 빈센트 반 고흐의 작품들
1. X  2. O
[ 기회비용 ]

## 25 미래의 목표! 자산 관리로 부자 되기
1. 안전성  2. 유동성
[ 수익성 ]

## 26 용돈 관리 비법, 지금 바로 공개합니다!
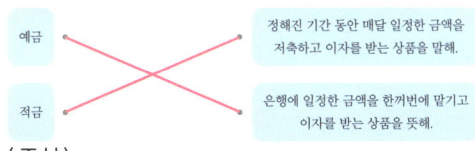
( 주식 )

## 27 재래시장을 소개합니다
1. O  2. O
[ 생산 요소 시장 ]

## 28 왜 아무도 빵을 안 살까?
1. 수요  2. 공급
[ 수요 법칙 ]

## 29 양파 가격 하락에 눈물 짓는 농민들
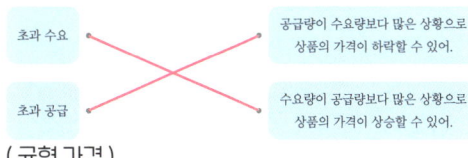
( 균형 가격 )

## 30 돼지고기 대신 닭고기를 먹는다고?
1. X  2. O
[ 보완재 ]

## 31 할머니의 옛 사진
1. 국내 총생산  2. 중화학 공업
[ 경제 성장 ]

## 32 감자값이 너무 비싸!
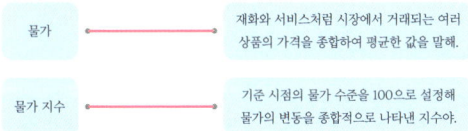
( 인플레이션 )

## 33 재원 씨의 마지막 출근
1. X  2. O
[ 구조적 실업 ]

## 34 달러로 바꿔 주세요!
1. 국제 거래  2. 환율
[ 외화 ]

## 35 뜨거운 지구는 이제 그만!
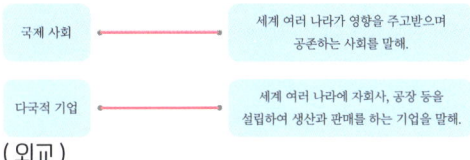
( 외교 )

## 36 국제 연합에서 일하고 싶어요!
1. O  2. O
[ 국제 비정부 기구 ]

## 마무리하기

1.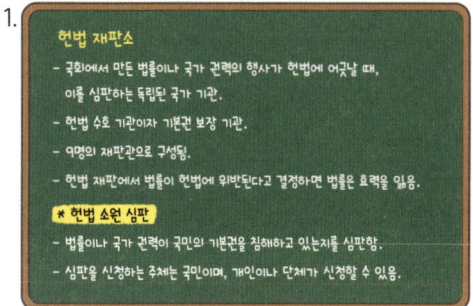

   **헌법 재판소**
   - 국회에서 만든 법률이나 국가 권력의 행사가 헌법에 어긋날 때, 이를 심판하는 독립된 국가 기관.
   - 헌법 수호 기관이자 기본권 보장 기관.
   - 9명의 재판관으로 구성됨.
   - 헌법 재판에서 법률이 헌법에 위반된다고 결정하면 법률은 효력을 잃음.

   ★ **헌법 소원 심판**
   - 법률이나 국가 권력이 국민의 기본권을 침해하고 있는지를 심판함.
   - 심판을 신청하는 주체는 국민이며, 개인이나 단체가 신청할 수 있음.

2.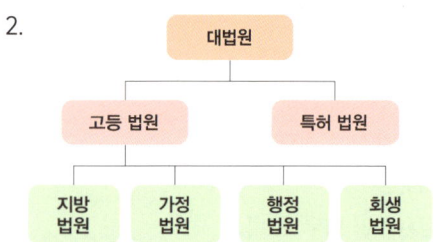

3. 농부가 양파를 너무 많이 수확하면 ( 초과 공급 )이 생기고, 가격은 내려가요.
   정부가 농민을 보호하기 위해 양파값을 일정 수준 이상으로 못 내리게 하는 것을 ( 최저 가격제 )라고 해요.

4. ① 시민 단체 ② 국가 기관 ③ 언론
6. ① X ② O ③ O ④ X ⑤ O

### 자료 출처

10쪽   그리스 아테네의 고대 아고라 유적지 | 매드 메스켄스, 위키미디어 커먼스
12쪽   직접 투표 | 셔터스톡
14쪽   장 피에르 우엘, 〈바스티유 습격〉 | 위키미디어 커먼스
15쪽   존 트럼불, 〈미국 독립 선언〉 | 위키미디어 커먼스
21쪽   이탈리아 국기 | 위키미디어 커먼스
       아일랜드 국기 | 위키미디어 커먼스
23쪽   우리나라의 권력 분립 구조 | 위키미디어 커먼스
24쪽   서울특별시 종로구에 위치한 헌법 재판소 | 위키미디어 커먼스
25쪽   스위스 글라루스주에서 열린 란츠게마인데 | 위키미디어 커먼스
29쪽   2024년 미국 대통령 선거 결과 | 위키미디어 커먼스
31쪽   불평등 문제를 알리는 시민 단체 | 불평등 물어가는 범청년단체
35쪽   진주시가 자체적으로 만든 대표 캐릭터 | 진주시
45쪽   정약용, 《흠흠신서》 | 국립중앙박물관
47쪽   산업 혁명 시대의 어린 노동자들 | 루이스 W 하인, 미국 의회 도서관
55쪽   개인 정보 유출 | 게티이미지코리아
57쪽   서울특별시 중구에 위치한 국가 인권 위원회 | 위키미디어 커먼스
58쪽   만 12세 미만 입장 제한 | 게티이미지코리아
61쪽   코로나19 여파로 임시 휴업에 나섰던 상인들 | 게티이미지코리아
69쪽   재선에 성공한 도널드 트럼프 미국 대통령 | 위키미디어 커먼스
70쪽   영국 런던에 위치한 웨스턴민스터 궁전 | 테리 오트, 위키미디어 커먼스
73쪽   찰스 3세 영국 국왕 | 로저 해리스, 위키미디어 커먼스
77쪽   암행어사가 사용한 마패 | 국립중앙박물관
79쪽   국회 의사당 전경 | 위키미디어 커먼스
85쪽   1948년 5월 31일, 제헌 국회 개원식 | 위키미디어 커먼스
89쪽   이승만 대통령 하야로 이어진 4·19 혁명 | 위키미디어 커먼스
91쪽   서울특별시 서초구에 위치한 대법원 | 위키미디어 커먼스
97쪽   산부인과 진료를 받는 임산부 | 셔터스톡
100쪽  2025년 4월, 헌법 재판소 대심판정에서 열린 윤석열 대통령 탄핵 심판 | 위키미디어 커먼스
101쪽  2025년 4월, 미국에서 열린 도널드 트럼프 대통령 반대 시위 | 피보나치 블루, 위키미디어 커먼스
102쪽  빈센트 반 고흐, 〈해바라기〉 | 위키미디어 커먼스
       빈센트 반 고흐, 〈아를의 붉은 포도밭〉 | 위키미디어 커먼스
109쪽  애널리스트 | 셔터스톡
113쪽  조셉 멀더, 〈네덜란드 동인도 회사 조선소〉 | 위키미디어 커먼스
115쪽  제주시에 위치한 동문재래시장 | 위키미디어 커먼스
       온라인 상 거래 | 셔터스톡
116쪽  생선이나 해산물을 사고파는 수산물 시장 | 위키미디어 커먼스
       일할 사람과 일자리를 구하는 노동 시장 | 게티이미지뱅크
120쪽  레오나르도 다빈치 추정, 〈살바토르 문디〉 | 위키미디어 커먼스
122쪽  쌓여 있는 양파 | 위키미디어 커먼스
137쪽  짐바브웨에서 사용되었던 화폐 | 위키미디어 커먼스
142쪽  해외 환전소를 이용하는 관광객들 | 응가우 캄 뽀냐, 위키미디어 커먼스
145쪽  세계 각국의 화폐들 | 위키미디어 커먼스
149쪽  2015년 파리 협정을 채택하는 각국 대표들 | 위키미디어 커먼스
151쪽  국제 연합 상징 로고 | 위키미디어 커먼스